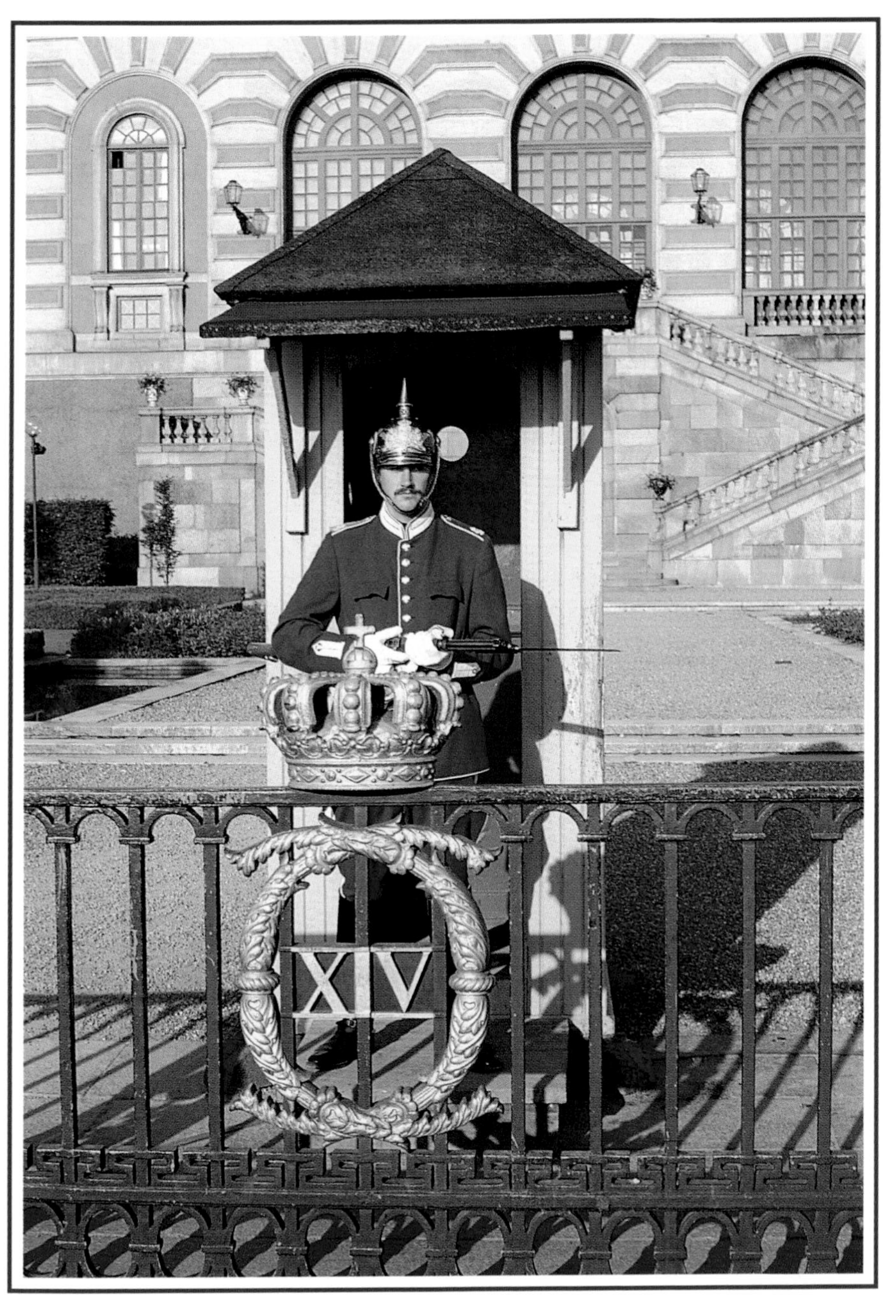

Stockholm

Göran Brämming Gallery

ISBN 91-973915-0-6

Stoc

kholm

SVENSKA

"Mälardrottningen", "Nordens Venedig", "Staden som flyter på vattnet"... många är smeknamnen som Stockholm fått för att framhålla dess förledande skönhet och i många sammanhang verkligt inspirerande charm.

Staden, som firat 750-års jubileum år 2002, var ursprungligen en handelsstad, som dock snart levde en metropols intensiva liv och blev en traditionsrik stad i händelsernas centrum. I sanning en viktig port ut mot de för oss nu öppnade handelsmarknaderna i Europa.

Stockholm grundades enligt eniga historiker av Birger Jarl, en ryktbar, nationell ledare, som befäste en liten holme belägen vid Mälarens utlopp i Saltsjön och därigenom skapande en hart när ointaglig fästning... ett gott lås för den mycket rika mellansvenska bygden runt Mälarens bördiga stränder.

Stockholm är byggt på många större malmar runt om "Gamla Stan". Dess skönhet framhävs på ett markant sätt av dess många, vackra vattenvägar, och de ljuvliga grönområden som t.ex. Djurgården, som för åtskilliga sekler sedan utnyttjades för rådjursjakt av våra dåvarande Konungar, men nu är ett underbart strövområde bl.a. berömt för sitt magnifika ekbestånd.

Här finns även Skansen, med rätta nog så berömda naturmuseum med gamla byggnader och redskap från Sveriges alla hörn. Vi får ej heller glömma bort vårt nöjesfält "Gröna Lund".

I innerstaden finns oaser som Vasaparken, Humlegården och i hjärtat av City, Kungsträdgården, allas mötesplats med dess restauranger, kiosker och musikunderhållning. Vintertid finns här möjlighet för alla att taga sig en åktur uppå stålskodd fot. Vi vill även påmina om vår underbart vackra skärgård, där vi jäktade nutidsmänniskor på dess drygt 25.000 öar och kobbar kan få den avkoppling vi alla så väl behöver.

Stockholm är, liksom Rom, byggt på kullar. Turisten har från Söders dominerande höjder en sagolik vy ut över den övriga delen av Staden. Norrmalms profil är helt ändrad. Brunkebergsåsen, där för nära 500 år sedan då Danskarna under Kristian I besegrades av Sten Sture d.ä., är nästan helt bortschaktad och har lämnat plats åt Citys nya höghus, bankpalats m.m.

Sju seklers tradition och historiska vingslag har givit Staden något ni läsare får som ett oförglömligt minne från denna vackra, leende och vänliga stad.

ENGLISH

"The Queen of Lake Mälaren", "The Venice of the North", "The City which Floats on the Water"... just a garland of names suits the Royal Capital of the Kingdom of Sweden to enhance its reputation for enticing charm and inspiring beauty.

Its unbroken tradition, its position on the water, its surrounding heights witness the circumstance that, this splended town was always in the centre of events and still leads the pulsating life of a metropolis .

Stockholm is a medieval city founded according to the unanimous opinion of historians by Birger Jarl, a famous national leader who fortified the islet located at the outlet of Lake Mälaren in the Baltic, thus creating a mighty, impregnable fortress.

The capital is built on innumerable islands and islets floating on large bodies of water. Stockholm's beauty ·is emphatically underlined by streams and creeks and bays, by green open spaces such as Djurgården, the old royal deer-hunting park with its famous oaks, by central parks such as Vasaparken, Kungsträdgården and Humlegården, the old hop garden of bygone times. Finally not to forget the large Baltic archipelago with its some 25,000 islands, an ideal retreat for a relaxing week-end (away from the bustle of the moderne machine age).

Like ancient Rome, Stockholm is built on hills. The sightseer has a supreme breathtaking view from the dominant heights of Södermalm all over the nothern area. In central Stockholm, the remnants of the Brunkeberg ridge which in times passed towered above Lower Norrmalm are now cut away to make room for huge skyscrapers in the city centre.

However, the historical tradition of seven centuries has lent a distinct touch to the capital of Sweden, and the readers of this photo guide will gain the extraordinary unforgettable sensation this nice and friendly town with its kindly smile might inspire.

Good luck all of you on your way through the heart of the country. Have a pleasant time!

DEUTSCH

"Die Königin des Mälaren-Sees", "Venedig des Nordens", "Die Stadt auf dem Wasser"... dies sind nur einige der Namen der "Königlichen" Hauptstadt des Königreichs Schweden, die dazu beitragen, den verführerischen Zauber und die reizende Schönheit dieser Stadt hervorzuheben.

Die ununterbrochene Tradition, ihre Lage auf dem Wasser und die hügelige Umgebungslandschaft beweisen, daß diese herrliche Stadt schon in der Vergangenheit Mittelpunkt geschichtlicher Ereignisse war und auch heute noch den pulsierenden Rhythmus einer Großstadt hat.

Stockholm ist eine mittelalteriche Stadt, die nach einstimmigen historischen Quellen von Birger Jarl gegründet wurde. Jarl, ein berühmter Volksleader, befestigte die kleine Insel an der Mündung des Mälaren-Sees in die Ostsee und schuf somit eine machtvolle Festung.

Die Hautpstadt ist auf unzählige größere und kleinere Inseln gebaut. Wasserläufe, Flüße und Buchten betonen die Schönheit dieser Stadt. Grüne Wiesenflächen wie Djurgården der alte königliche Park für die Hirschjagd mit den berühmten Eichen, und zentrale Parks wie Vasaparken, Kungsträdgården und Humlegården, der alte Hopfengarten vergangener Zeiten, verleihen dieser wunderbaren Stadt einzigartige Ausblicke. Und endlich das groß Inselmeer der Ostsee, mit den rund 25.000 Inseln; ein idealer Zufluchtsort für ein ruhiges Wochenende in dieser modernen und hastigen Zeit.

Wie das alte Rom wurde auch Stockholm auf Hügeln gebaut. Aus den überragenden Höher von Södermalm genießt man eine herrliche und weite Aussicht über die ganze nördliche Gegend. In der Stadtmitte wurden nun die Reste der Brunkeberg-Gipfel die sich einst über die niedere Norrmalm erhoben, abgerissen, um den hohen Wolkenkratzern des Zentrums Platz zu machen.

Die geschichtliche Tradition von sieben Jahrhunderten hat der Hauptstadt Schwedens eine besondere Atmosphäre verliehen: Die Besucher werden einen außerordentlichen Eindruck dieser schönen und freundlichen Stadt gewinnen, ein Bild das sie auch in Zukunft schwer vergessen werden können.

Ihnen allen viel Freude beim Besuch unserer schönen Stadt! Wir wünschen einen angenehmen Aufenthalt!

ПО-РУССКИ

"Королева Меларена", "Красавица на воде", "Северная Венеция" - таковы эпитеты Стокгольма, столицы шведского королевства, отражающие необыкновенную красоту этого города.

Стокгольм был основан в XIII в. выдающимся национальным деятелем Биргером Ярлом, выбравшим для новой крепости остров в проливе между озером Меларен и Балтикой. Город быстро стал крупнейшим торговым центром, доныне сохранив свою бурную деятельность. Возникший здесь симбиоз седой старины и столичного европеизма уникален. Это место, где традиции успешно дополнились новшествами.

Здесь всегда найдется, чем заняться, что увидеть и с кем встретиться - предложения удовлетворят любой вкус. Можно отправиться на "тусовку" на площади Сергеля или на самый большой крытый рынок Эстермальмсхаллен, с его прилавками, полными рыбы, зелени, птицы, сластей, цветов. Можно поужинать в одном из многочисленных ресторанов или полакомиться вкуснейшим мороженым в какомнибудь уголке Старого города, глазея на прохожих. Можно отправиться в галерею, музей, оперный театр или на дискотеку. В Скансене вы проникнетесь истинно шведским духом, а в парке аттракционов Грёна Лунд хорошенько развлечетесь. Стокгольмский архипелаг, насчитывающий около 25 тысяч островов, предоставляет возможность напрямую общаться с природой, укрывшись от лихорадочной жизни большого города. Все это, и многое другое, вы найдете в Стокгольме.

Описать в путеводителе все достопримечательности шведской столицы почти невозможно. Предлагаем вам самим открыть Стокгольм. Эта книга составит вам полезную компанию в ваших маршрутах, став, возможно, альбомом тех фотографий, которые вам не удастся заснять, или, в конце концов,- сувениром на память, пусть и чуть потрепанным. Поступайте, как вам покажется лучше. Это - ваш гид, это - ваш Стокгольм.

Добро пожаловать!

2

Flygpanorama över Stockholm med Blasieholmen, Gamla Stan, Riddarholmen och Helgeansholmen. Kungl. Slottet i centrum.

Panorama over Stockholm with Blasieholmen, the Old Town, Riddarholmen and Helgeansholmen. In the centre the Royal Palace.

Luftansicht über Stockholm mit Blasieholmen, der Altstadt, Riddarholmen und Helgeansholmen. Das königliche Schloss im Zentrum.

Снятая с воздуха панорама Стокгольма, на которой видны Бласиехольмен, Старый город, Риддархольмен и Хельгеансхольмен. В центре - королевский дворец.

Stockholm
Turistinformation/ Tourist information
Medeltidsmuseet Sevärdhet/ Attraction
Affärsgata/ Shopping area
Nationalstadsparken/ National City Park
Järnvägsstation/ Railway station
Tunnelbanestation/ Subway station
Busslinjer (urval)/ Bus routes (selection)
Museispårväg/ Historic tramway
Flygbuss/ Airport bus
Sightseeingbåt/ Sightseeing boat
Vandrarhem/ Youth hostel
Camping/ Camping
Gästhamn/ Guest harbour
Badplats/ Shore line swimming area
Utsiktsplats/ Recommended viewing point
VASASTADEN
STADSHAGEN
KUNGSHOLMEN
NORRMALM
MARIEBERG
RIDDARHOLMEN
LÅNGHOLMEN
REIMERSHOLME
SÖDERMALM
Riddarfjärden
Karlbergssjön
Liljeholmsviken
Trekanten
Barnhusviken
Båt till Birka, Drottningholm, Mariefred och Skokloster
Stockholms universitet
Wenner-Gren center
Odenplan
Sankt Eriksplan
Karlbergs station
Karlbergs slott
Fridhemsplan
Stadshagen
Thorildsplan
Rådhuset
Stadshuset
Tornmuseet
Stockholm C
T-Centralen
Hötorget
Kulturhuset
Gamla Stan
Hornstull
Zinkensdamm
Mariatorget
Stockholm S
Västerbron
Centralbron
Sankt Eriksbron
Essingeleden
Norr Mälarstrand
Söder Mälarstrand
Hornsgatan
Odengatan
Sveavägen
Fleminggatan
Hantverkargatan
Kungsholmsgatan
Drottningholmsvägen
Långholmens fängelsemuseum
Bellmansmuseet
Stockholms läns museum
Strindbergsmuseet
Observatoriemuseet
Judiska museet
Stockholms Miniatyrmuseum
Riddarhuset
Riddarholmskyrkan
Postmuseum
Leksaksmuseet
Ivar Lo museet
Tantolunden
Kronobergsparken
Vasaparken
Rålambshov
Smedsudden
Mariebergsparken

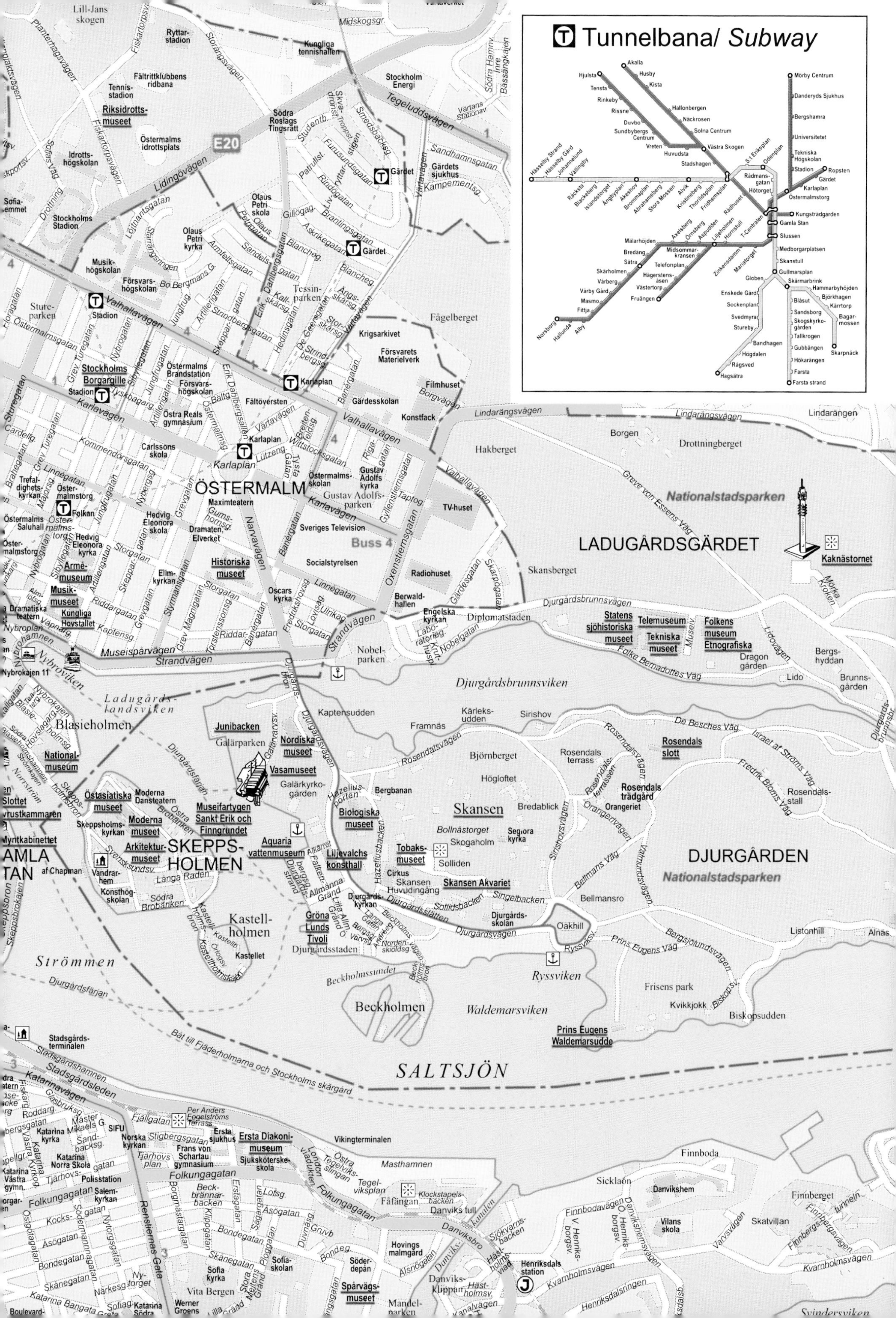
Tunnelbana/ Subway
Akalla
Husby
Kista
Hjulsta
Tensta
Rinkeby
Rissne
Hallonbergen
Duvbo
Näckrosen
Sundbybergs Centrum
Solna Centrum
Vreten
Huvudsta
Västra Skogen
Stadshagen
S:t Eriksplan
Odenplan
Rådmansgatan
Hötorget
Mörby Centrum
Danderyds Sjukhus
Bergshamra
Universitetet
Tekniska Högskolan
Stadion
Ropsten
Gärdet
Karlaplan
Östermalmstorg
Kungsträdgården
Gamla Stan
Slussen
Medborgarplatsen
Skanstull
Gullmarsplan
Skärmarbrink
Hammarbyhöjden
Björkhagen
Kärrtorp
Bagarmossen
Skarpnäck
Blåsut
Sandsborg
Skogskyrkogården
Tallkrogen
Gubbängen
Hökarängen
Farsta
Farsta strand
Globen
Enskede Gård
Sockenplan
Svedmyra
Stureby
Bandhagen
Högdalen
Rågsved
Hagsätra
Hässelby Strand
Hässelby Gård
Johannelund
Vällingby
Råcksta
Blackeberg
Islandstorget
Ängbyplan
Åkeshov
Brommaplan
Abrahamsberg
Stora Mossen
Alvik
Kristineberg
Thorildsplan
Fridhemsplan
Rådhuset
T-Centralen
Mälarhöjden
Axelsberg
Örnsberg
Aspudden
Liljeholmen
Hornstull
Zinkensdamm
Mariatorget
Bredäng
Sätra
Skärholmen
Vårberg
Vårby Gård
Masmo
Fittja
Norsborg
Hallunda
Alby
Midsommarkransen
Telefonplan
Hägerstensåsen
Västertorp
Fruängen
Lill-Jans skogen
Ryttarstadion
Kungliga tennishallen
Fältrittklubbens ridbana
Tennisstadion
Riksidrottsmuseet
Östermalms idrottsplats
Stockholm Energi
Södra Roslags Tingsrätt
Tegeluddsvägen
Gärdets sjukhus
Sandhamnsgatan
Kampementsg.
Lidingövägen
E20
Idrottshögskolan
Stockholms Stadion
Olaus Petri skola
Olaus Petri kyrka
Musikhögskolan
Försvarshögskolan
Stadion
Sture-parken
Valhallavägen
Tessinparken
Fågelberget
Krigsarkivet
Försvarets Materielverk
Karlaplan
Gärdet
Stockholms Borgargille
Östermalms Brandstation
Försvarshögskolan
Fältöversten
Östra Reals gymnasium
Filmhuset
Gärdesskolan
Konstfack
Carlssons skola
ÖSTERMALM
Maximteatern
Östermalmsskolan
Gustav Adolfs kyrka
Gustav Adolfsparken
Östermalmstorg
Folkan
Hedvig Eleonora skola
Hedvig Eleonora kyrka
Dramaten, Elverket
Sveriges Television
TV-huset
Buss 4
Armémuseum
Historiska museet
Socialstyrelsen
Radiohuset
Musikmuseet
Kungliga Hovstallet
Oscars kyrka
Berwaldhallen
Dramatiska teatern
Nybroplan
Strandvägen
Nybrokajen 11
Engelska kyrkan
Diplomatstaden
Nobelparken
Lindarängsvägen
Lindarängen
Borgen
Drottningberget
Hakberget
Nationalstadsparken
LADUGÅRDSGÄRDET
Kaknästornet
Skansberget
Djurgårdsbrunnsvägen
Statens sjöhistoriska museet
Telemuseum
Tekniska museet
Folkens museum Etnografiska
Dragon gården
Bergshyddan
Lido
Brunnsgården
Folke Bernadottes Väg
Djurgårdsbrunnsviken
Ladugårdslandsviken
Blasieholmen
Nationalmuseum
Junibacken
Galärparken
Nordiska museet
Vasamuseet
Galärkyrkogården
Kaptensudden
Framnäs
Kärleksudden
Sirishov
De Besches Väg
Rosendals slott
Rosendals terrass
Rosendals trädgård
Orangeriet
Rosendalsstall
Björnberget
Högloftet
Skansen
Bredablick
Bollnästorget
Seglora kyrka
Skogaholm
Solliden
Östasiatiska museet
Moderna Dansteatern
Museifartygen Sankt Erik och Finngrundet
Moderna museet
Skeppsholmskyrkan
Arkitekturmuseet
SKEPPSHOLMEN
Aquaria vattenmuseum
Liljevalchs konsthall
Biologiska museet
Bergbanan
Tobaksmuseet
Cirkus
Skansen Huvudingång
Skansen Akvariet
DJURGÅRDEN
Slottet
Livrustkammaren
Myntkabinettet
GAMLA STAN
af Chapman
Vandrarhem
Konsthögskolan
Kastellholmen
Kastellet
Gröna Lunds Tivoli
Djurgårdsstaden
Djurgårdskyrkan
Djurgårdsskolan
Oakhill
Bellmansro
Listonhill
Alnäs
Strömmen
Djurgårdsfärjan
Beckholmen
Beckholmssundet
Ryssviken
Waldemarsviken
Frisens park
Kvikkjokk
Biskopsudden
Prins Eugens Waldemarsudde
Prins Eugens Väg
Bergsjölundsvägen
SALTSJÖN
Båt till Fjäderholmarna och Stockholms skärgård
Stadsgårdsterminalen
Stadsgårdsleden
Katarinavägen
Katarina kyrka
SIFU
Fjällgatan
Per Anders Fogelströms Terrass
Norska kyrkan
Ersta sjukhus
Ersta Diakonimuseum
Sjuksköterskeskola
Frans von Schartau gymnasium
Vikingterminalen
Folkungagatan
Polisstation
Salemkyrkan
Masthamnen
Tegelviksplan
Fåfängan
Klockstapelsbacken
Danviks tull
Finnboda
Sicklaön
Danvikshem
Vilans skola
Skatvillan
Finnberget
Finnbergstunneln
Kvarnholmsvägen
Sofia kyrka
Sofiaskolan
Södersjukhuset
Hovings malmgård
Danvikstull
Henriksdals station
Vita Bergen
Spårvägsmuseet
Mandelparken
Renstiernas Gata
Danviksbro
Henriksdalsringen
Svindersviken

3

Från toppen av Stadshustornet kan man njuta av denna magnifika utsikt över Riddarholmen och Gamla Stan.

From the top of the City Hall Tower, this magnificent view over Riddarholmen and the Old Town can be enjoyed.

Von der Aussichtsplattform des Stadthausturms hat man diese strahlende Aussicht über Riddarholmen und die Altstadt.

С вершины башни ратуши можно любоваться этим великолепным видом на Риддархольмен и Старый город.

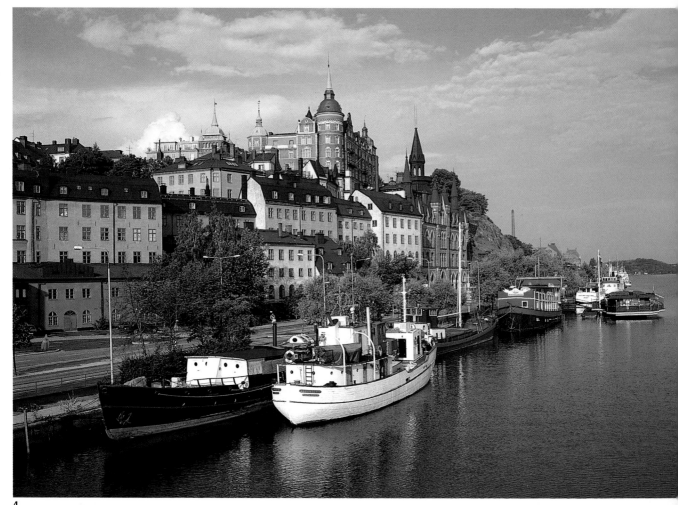

4
En vy mot Söder Mälarstrand, som löper utmed Riddarfjärdens södra sida. Byggnaderna på bildens överkant ligger vid Bellmansgatan. Ovanför Söder Mälarstrand, med början vid Bellmansgatan finns en mycket vacker promenadväg, Monteliusvägen, som sträcker sig bort mot Kattgränd vid Mariaberget. En strålande utsikt över Riddarfjärden och staden utlovas den som prövar denna promenad!

A view towards Söder Mälarstrand, the street running along the southside of Riddarfjärden. The buildings on top of the picture are situated on Bellmansgatan. Above Söder Mälarstrand, you can find a most attractive footpath, Monteliusvägen, which begins at Bellmansgatan and runs to Kattgränd at Mariaberget.
Walking this way will give you the most splendid view over Riddarfjärden. Do try it!

Ein Ausblick auf Söder Mälarstrand am südlichen Ufer des Riddarfjärden. Die Gebäude in der oberen Bildkante gehören zur Bellmansgatan. Der Monteliusväg, ein am Berg entlang gebauter schmaler Aussichtsweg fängt an der Bellmansgatan an und endet an Kattgränd beim Mariaberget. Eine wunderschöne Aussicht auf Riddarfjärden, Stadthaus und Altstadt ist garantiert auf dieser kurzen Promenade.

Вид на Söder Mälarstrand, улицу, идущую вдоль южной стороны Риддарфьерден. Здания в верхней части снимка находятся на улице Бельмана. Сверху над Söder Mälarstrand, от улицы Бельмана начинается необыкновенной красоты дорожка для прогулок, Monteliusvägen, которая тянется до Kattgränd у Mariaberget. Пройдитесь по ней - и Вам гарантирован великолепный вид на Риддарфьерден.

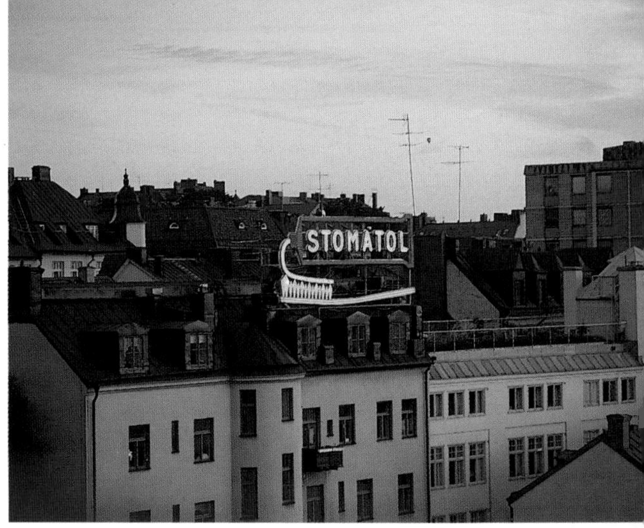

5
Sveriges första ljusskylt, den berömda Stomatolreklamen, från 190

The first illuminated sign in Sweden, the famous tooth paste Stomatol advertisement.

Schwedens erste Lichtreklame von 1909 für die Zahnpaste Stomat

Первая световая реклама в Швеции - знаменитая реклама зубной пасты "Стоматол", открытая в 1909 г.

Katarina kyrka byggdes och fullbordades på 1680-talet. Efter en stor stadsbrand 1723, som ödelade en stor del av Södermalm, återuppbyggdes kyrkan. 1990 brann kyrkan igen. All inredning liksom den ståtliga kupolen förstördes. Efter ett omfattande restaureringsarbete är kyrkan återställd i så autentiskt skick som möjligt.

The Katarina Church was designed and built around 1680. After a large fire in 1723, which destroyed a great deal of Södermalm, the church was rebuilt. In 1990 the church was again on fire. All fitting as well as the impressive cupola were ruined. After an extensive work of restoration the church is now rebuilt into such an authentic way as possible.

Die Katarinen Kirche wurde um 1680 vollendet. Nach einem grossen Stadtbrand 1723, der auch einen grossen Teil von Södermalm zerstörte, wurde die Kirche wieder aufgebaut. 1990 brannte die Kirche nochmals. Die gesamte Inneneinrichtung und die prachtvolle Kuppel wurden vernichtet. Nach umfangreicher Restaurierung ist die Kirche wiederhergestellt, so weit wie möglich in den ursprünglichen Zustand.

Церковь Св. Екатерины была выстроена в 1680-ые годы. После большого пожара 1723 г., опустошившего большую часть Сёдермальма, церковь была отстроена заново. В 1990 г. в церкви снова произошел пожар. Все внутреннее убранство и величественный купол были разрушены. В результате тщательной реставрации церковь восстановлена почти в первоначальном виде.

7
Stigbergsgatan vid Mamsell Josabeths trappor på Södermalm. Detta var ursprungligen ett område med enkla trähus, en fattig bakgata till den mera förnäma Fjällgatan. Området renoverades på 1970-talet och inomhus fick alla bostäder modern standard. Området är nu skyddat i avsikt att bevara en värdefull och historisk del av staden.

Stigbergsgatan at Mamsell Josabeths trappor on Södermalm. This was originally an area with simple wooden houses, a poor back street to the more distinguished Fjällgatan. Refurbished in the 1970's, these houses were transformed on the inside to modern houses with all up-to-date facilities. It is now a protected area - in order to preserve a valuable and historical part of the city.

Stigbergsgatan bei Mamsell Josabeths trappor auf Södermalm. Ursprünglich eine arme Umgebung mit einfachen Holzhäusern im Gegensatz zur mehr bürgerlichen Fjällgatan. Um 1970 wurden alle Häuser innen modernisiert, aber nach aussen in alter Form erhalten. Das Quartier ist jetzt unter Denkmalsschutz um diesen historisch wertvollen Teil der Stadt zu bewahren.

Улица Stigbergsgatan у лестницы Мамзель Йосабет на Сёдермальме. Вначале это был район простых деревянных домов, бедная улочка на задворках более парадной улицы Fjällgatan. Район был обновлен в 70-ые годы, и все квартиры были переделаны под современный стандарт. В настоящее время этот район охраняется как ценный исторический памятник.

På Södermalm blandas gammal och ny bebyggelse. Detta är Söder Torn, ett modernt bostadshus vid Fatburstrappan, just intill Medborgarplatsen.

The southern part of Stockholm - Södermalm - is a mixture of old and new buildings. This is Söder Torn, a modern apartmenthouse by Fatburstrappan near Medborgarplatsen.

Auf Södermalm vermischen sich alte und neu Bebauung. Dies ist der Söder Torn, ein modernes Wohnhaus an der Fatburstrappan gleich neben den Medborgarplatsen.

На Сёдермальме старая застройка чередуется с новой. Это Söder Torn, современный жилой дом вблизи площади Medborgarplatsen.

Stockholm Globe Arena - Globen - är världens största sfäriska byggnad. Den uppfördes 1986-89 för att ge Stockholm och Sverige en världsarena. En scen som kunde locka hit världens bästa artister och idrottsstjärnor.
Globen rymmer de flesta evenemang, som t.ex. tennis, ishockey, fotboll, friidrott, motorcross, snowboard, cirkus och konserter.
Några imponerande data om Globen: Invändig höjd 85 m. Diameter 110m. Rymd 605 000 kubikmeter.
Publik max. 13850 st.
En ny stadsdel med shopping center, hotell och kontorslokaler har vuxit upp kring Globen.

Stockholm Globe Arena - Globen - is the biggest spherical building in the world. It was built 1986-89 to give Stockholm ar Sweden a world scene of action. A scene which will attract the best artists and sport-stars in the world.
The Globe can take most existing events , as for example tenn icehockey, football, athletics, motor-cross, snowboard, circus and concerts.
Some striking figures about the Globe: inside height 85 metres, diameters 110 metres, space 605.000 cubic metres, attendanc maximum 13.850 spectators.
Around the Globe a new town-district has grown, such as shopping centers, hotel and offices.

9

Stockholm Globe Arena - Globen - ist das grösste sphärische Gebäude der Welt. Es wurde 1986-89 gebaut um Stockholm und Schweden eine Arena von Weltausmassen zu schaffen. Eine Szene welche die besten Artisten und die Sportelite anlockt.
Globen hat Platz für die meisten Veranstaltungen z.B. Tennis, Eishockey, Fussball, Leichtathletik, Motorcross, Snowboard, Zirkus und Konzerte. Einige imponierende Daten: Innenhöhe 85 m., Diameter 110 m., Volumen 605 000 m. Platz für max 13 850 Personen.
Ein neuer Stadteil mit Einkaufszentrum, Hotel und Büroräumen ist um den Globen entstanden.

Арена Globen в Стокгольме - самое крупное сферическое сооружение в мире, возведенное в 1986-89 гг. для того, чтобы в Стокгольме и в Швеции появилась арена мирового значения, сцена, которая могла бы привлечь лучших артистов и спортсмен в мире. В Globen можно проводить практически любые мероприятия, например, соревнования по теннису, хоккею на ль футболу, легкой атлетике, мотогонкам, сноуборду, цирковые представления и концерты. Некоторые впечатляющие данные о Globen: высота 85 м, диаметр 110 м, объем 605 000 кубометров, максимальное количество мест - 13850. Вокруг Globen вырос новый район с торговым центром, отелем и рядом учреждений.

10

Gamla Stan - staden mellan broarna - har en medeltida stadsplan och en åldrig bebyggelse; smala kullerstensbelagda gränder, små öppna platser, trappgavelhus och lustiga gatu- och kvartersnamn.

The Old Town, also refered to as "the City between the Bridges", was planned in the Middle Ages and contains antiquated buildings. Here we find narrow alleys, cobblestoned streets, small open spaces, picturesque gabled houses and amusing street- and district names.

Die Altstadt - Die Stadt zwischen den Brücken - hat einen mittelalterlichen Grundriss und alte Gebäude, schmale mit Feldtsteinen gepflasterte Gassen, kleine offene Plätze, Giebelhäuser und lustigen Strassen- und Quartiernahmen.

Старый город - город между мостами - сохранил средневековую планировку и застройку: узкие переулочки, мощеные брусчаткой, маленькие площади, дома с высокими фронтонами и забавные названия улочек и кварталов.

"S:t Göran och draken", uppfört som ett äreminne över det lyckosamma slaget vid Brunkeberg år 1471. Detta är en utomhusversion placerad vid Köpmanbrinken i Gamla Stan. Den är gjuten i brons, kopierad efter Bernt Notkes original i trä, som återfinns i Storkyrkan.

"S:t Göran and the dragon" made as a memory of the successful battle at the Brunkeberg in 1471. It is placed at Köpmanbrinken in the Old Town and is made of bronze, copied after the original one made by Bernt Notke, which is made in wood and placed in Storkyrkan, the Stockholm Cathedral.

"S:t Göran och draken", aufgestellt zur Erinnerung an die geglückte Schlacht am Brunkeberg 1471 über die Dänen. Dieses ist eine Kopie gegossen in Bronze und sie ist in der Altstadt am Köpmanbrinken zu sehen. Das Original in Holz von dem Lübecker Bernt Notke befindet sich in der Storkyrkan - der Domkirche von Stockholm.

Статуя "Св. Георгий с драконом", возведенная в память о победоносном сражении при Брункеберге. Эта отлитая в бронзе копия с оригинала Бернта Нотке, выполненного из дерева и находящегося в Стурчюрка, установлена в Старом городе.

Gåsgränd i Gamla stan, sedd från Västerlånggatan.

Gåsgränd (the Goose Alley) in the Old Town, seen from Västerlånggatan.

Gåsgränd in der Altstadt von der Västerlånggatan aus gesehen.

Переулок Gåsgränd со стороны улицы Västerlånggatan.

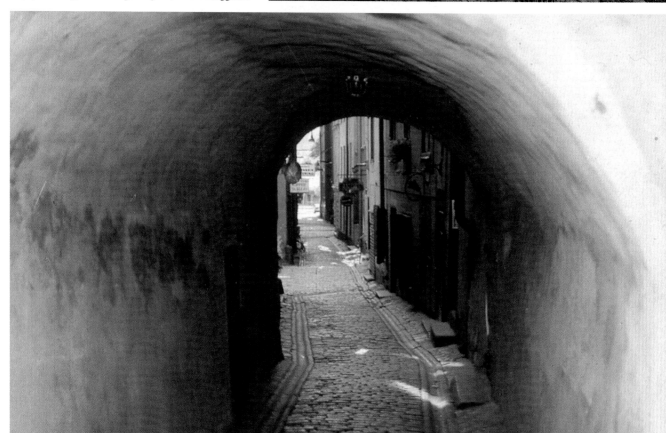

12

Mårten Trotzigs gränd är endast 90 centimeter bred och är den smalaste gränden i Gamla Stan.

Mårten Trotzigs gränd is only 90 centimeters wide and the narrowest alley of the Old Town.

Mårten Trotzigs gränd ist nur 90 cm breit und damit die schmalste Gasse der Altstadt.

Переулок Мортена Тротцига имеет в ширину всего 90 см и является самым узким переулком Старого города.

14

15

Kungl. Slottet är en av Sveriges största turistattraktioner och är unikt bland kungliga slott och statschefsresidens i världen genom sin öppenhet. Stora delar av slottet är tillgängligt för allmänheten. Slottet rymmer över 600 st möblerade rum! Vid den stora branden 1697 förstördes det gamla slottet Tre Kronor. Detta nya slott uppfördes i italiensk barockstil efter ritningar av Nicodemus Tessin d y. Slottsbygget avslutades i mitten av 1700-talet. Slottets utsmyckning utfördes övervägande av franska konstnärer.

The Royal Palace is one of the most popular tourist attractions in Sweden, and is unique among royal palaces and residences in the world by its accessibility. Great parts of the palace are open to the public. The palace has over 600 furnished rooms!
At the big fire in 1697 the old palace "Three Crowns" was destroyed. This new palace is built in Italian baroque, designed by Nicodemus Tessin Junior. The work was finished in the middle of the eighteenth century. The decoration of the palace was mostly made by French artists.

Das königliche Schloss ist eines der grössten Turistenatraktionen Schwedens. Grosse Teile der 600 möbilierten Räume sind für Besucher zugänglich. Das ist einzig in der Welt im Bezug auf Offenheit bei Schlössern die auch Staatschefsresidenz sind. Bei dem grossen Brand 1697 wurde das alte Schloss Tre Kronor zerstört. Das neue Schloss wurde im italienischen Barockstil nach Zeichnungen von Nicodemus Tessin d.J. erbaut. Der Schlossneubau wurde in der Mitte des 17, Jahrhunderts vollendet. Die Ausschmückung des Schlosses wurde überwiegend von französichen Künstlern ausgeführt.

Королевский дворец - одна из главных достопримечательностей, привлекающих туристов. Дворец занимает уникальное положение среди королевских дворцов и резиденций глав государств благодаря своей открытости. Многие помещен дворца открыты для посетителей. Дворец вмещает более 600 обставленных комнат!

16

Vaktavlösningen på yttre borggården vid Kungliga Slottet är en fröjd för både öga och öra. Den ridande vaktparaden är förstås extra populär.

The changing of the guard at the Royal Palace is a delight to both ear and eye. The mounted guard is of course extra popular.

Die Wachablösung auf dem äusseren Burghof des königlichen Schlosses ist eine Freude für Augen und Ohren. Die berittene Wachparade ist freilich besonders beliebt.

Смена караула у королевского дворца - весьма популярное зрелище, которое радует и глаз, и слух.

17

18

H.M. Konung CARL XVI GUSTAF och H.M. Drottning SILVIA.

H.M.King CARL XVI GUSTAF and H.M. Queen SILVIA.

Seine Majestät König CARL XVI GUSTAF und Ihre Majestät Königin SILVIA von Schweden.

Его величество король Карл XVI Густав и Ее величество королева Сильвия.

19

Dukat för galamiddag i Karl XI: s galleri, Stockholms Slott. Vid ett långbord på 44,5 m kommer här c:a 150 st gäster att få uppleva en festkväll på Kungl. Slottet.

Table set for a gala dinner in the Gallery of Karl XI in the Royal Palace. At a table of 44,5 metres about 150 guests will be served and enjoy a festival evening at the Royal Palace.

Die Tafel ist gedeckt für ein königliches Festessen in der Galeri Karl XI im Stockholmer Schloss. An der Tafel von 44,5 Metern werden ca. 150 Gäste einen festlichen Abend auf dem königlichen Schloss erleben.

Стол накрыт к торжественному обеду в галерее Карла XI в Стокгольмском дворце. За этим столом длиной в 44,5 м разместятся около 150 гостей, приглашенных на праздничный вечер в королевский дворец.

20

Viktoriasalongen, Stockholms Slott.

The Victoria Drawing Room, The Royal Palace.

Der Viktoriasalon im Stockholmer Schloss.

Салон Виктории в Королевском дворце.

▼

Interiör av Skattkammaren, Stockholms Slott.

The Treasury, The Royal Palace.

Innenansicht aus der Schatzkammer des Stockholmer Schlosses.

Интерьер Оружейной палаты в Королевском дворце.

21

22

Erik XIV:s krona, Skattkammaren, Stockholms Slott.

The Regalia of Erik XIV, made for his coronation 1561, the Treasury, the Royal Palace.

Die Krone von Erik XIV, Schatzkammer des Stockholmer Schlosses.

Регалии Эрика XIV, изготовленные для его коронации в 1561 г. Королевская Оружейная палата.

Drottningholms Slott på Lovön, väster om Stockholm, Sveriges Versailles, började byggas på 1660-talet. Sedan 1981 är det Kungafamiljens bostad. 1991 valdes slottet in på FN:s världsarvlista, som första svenska objekt.

The construction of the Drottningholm Palace at Lovön west of Stockholm - the so called The Swedish Versaille - started around 1660. Since 1981 the palace is the domicile for the Royal Family. In 1991 the palace was chosen as the first Swedesh objcet on UN:s world hereditory list.

Das Schloss Drottningholm, Schwedens Versailles, liegt auf der Insel Lovön westlich von Stockholm. Drottningholm ursprünglich 1660 gebaut und seit 1981 Wohnsitz der schwedischen königlichen Familie. 1991 in die UN Liste Erbe der Menschheit als erstes schwedisches Objekt aufgenommen.

Дворец Дроттнингхольм на острове Ловё к западу от Стокгольма, шведский Версаль, начали строить в 1660-ые годы. С 1981 г. здесь живет королевская семья. В 1991 г. дворец, первым из памятников старины Швеции, был внесен в перечень памятников мировой архитектуры.

23

Sagerska Palatset med utsikt över Norrström står till förfogande för Sveriges statsminister.

The Sager Palace with a view over Norrström is at the disposal for the Prime Minister.

Der Sagerska Palatset mit Aussicht über Norrström ist der Amtswohnung des schwedischen Staatsministers.

Дворец Сагеров, выходящий на Норрстрём, находится в распоряжении премьер-министра.

24

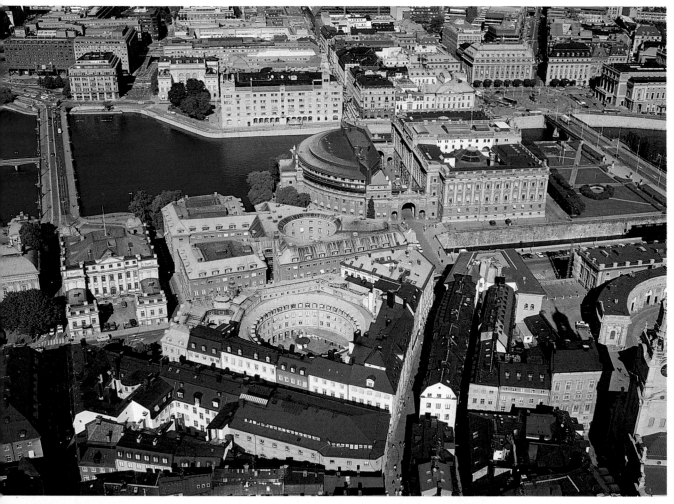

Riksdagshuset på Helgeansholmen och delar av Gamla Stan, sett från luften.

The House of Parliament on Helgeansholmen and parts of the Old Town seen from the air.

Das Reichstagsgebäude auf dem Helgeansholmen und Teile der Altstadt von der Luft aus gesehen.

Здание риксдага на острове Хельгеансхольмен и часть Старого города, снятые с воздуха.

26

enisalen i Riksdagshuset. Inredningen ljus nordisk; väggarna är klädda ed björkpanel och bänkarna är förda i björk och läder.

The Chamber in the House of Parliament. The furnitures are light Nordic with birch walls and the seats made of birch and leather.

Sitzungssaal im Reichstag. Die Inneinrichtung ist nordisch hell. Die Wände mit Birkenholz getäfelt und die Sitzbänke in Birke und Leder.

Зал заседаний в здании риксдага. Интерьер решен в светлых северных тонах; стены покрыты панелями из березы, скамьи изготовлены из березы и кожи.

27

Ett år före sin död, upprättade Alfred Nobel sitt testamente, vilket skulle göra hans namn odödligt i och med instiftandet av det som har kommit att bli den allra förnämsta internationella utmärkelsen, Nobelpriset. Ett utdrag ur testamentet lyder: "...öfver hela min återstående realiserbara förmögenhet förfogas på följande sätt: kapitalet, af utredningsmännen realiserdt till säkra värdepapper, skall utgöra en fond, hvars ränta årligen utdelas som prisbelöning åt dem, som under det förlupna året hafva gjort menskligheten den största nytta".Stockholms Konserthus är känt över hela världen som platsen för Nobelprisutdelningen den 10 december varje år, där H.M. Konungen till varje pristagare överlämnar ett diplom och en medalj.Förutom Nobelpristagarna och deras familjer är Kungaparet och andra medlemmar av den kungliga familjen hedersgäster vid den högtidliga prisutdelningen och den efterföljande Nobel-banketten. Representanter för Regering och Riksdag deltager också.

One year before his death, Alfred Nobel signed his last will that would ultimately make his name immortal.
He instructed his executors to take the bulk of his fortune, which was left in trust, and establish what came to be the most highly-regarded of international awards, the Nobel Prize. The awards are given to "those who have conferred the greatest benefit on mankind during the preceding year". The Concert Hall is known all over the world as the scene of the annual Nobel Prize ceremony on December 10, where H.M.the King of Sweden hands each Prize winner a diploma and a medal.
In addition to the Nobel Laureates and their families, Their Majesties the King and Queen and other members of the Royal Family are guests of honor at both the Prize Award Ceremony and the Nobel Banquet. Representatives of Swedish Government and Parliament also participate.

Ein Jahr vor seinem Tode, machte Alfred Nobel sein Testament. Das Testament welches den Namen Nobels unsterblich machen sollte. Der international anerkannte und mit hohem Ansehen gewürdigte Nobelpreis ist ein Bestandteil des schwedischen Jahresablaufes geworden. Die Preisausteilung erfolgt am 10 Dezember im Stockholmer Konzerthaus und jeder der Preisträger erhält ein Diplom und die Nobelmedaille aus der Hand Seiner Majestät des Königs.
Neben den Nobelpreisträgern und deren Familien sind das Königspaar und andre Mitglieder des Königshauses Ehrengäste bei der feierlichen Preisausteilung und des anschliessenden Nobel Banketts. Auch Vertreter der Regierung und des Reichstages nehmen teil.

За год до своей кончины Альфред Нобель составил завещание, сделавшее его имя бессмертным благодаря учреждению самой престижной из международных наград - Нобелевской премии. Выдержка из завещания гласит: "...всем моим остальным состоянием распорядиться следующим образом: капитал, вложенный в надежные ценные бумаги, должен составить фонд, проценты с которого будут ежегодно вручаться в качестве премий тем, кто в течение предыдущего года принес наибольшую пользу человечеству". Стокгольмский Концертный зал известен во всем мире как место, где ежегодно 10 декабря происходит церемония вручения Нобелевских премий, на которой Его величество король вручает каждому лауреату диплом и медаль. Кроме Нобелевских лауреатов и членов их семей, почетными гостями на церемонии вручения премий и на последующем Нобелевском банкете являются королевская чета и другие члены королевской семьи. В церемонии принимают также участие представители правительства и риксдага.

29 Stockholms Konserthus vid Hötorget mitt i Stockholm, invigt 28
1926 och sedan dess Kungliga Filharmonikernas hemvist. Det är skapat av Ivar Tengbom, vars vision var att "resa ett grekiskt tempel i närheten av polcirkeln". Den berömda Orfeusfontänen framför Konserthuset är ett verk av Carl Milles.
Torgfasadens smäckra korintiska kolonnad är de strängar som den väldige Orfeus spelar på.

The Concert Hall at Hötorget in the very centre of Stockholm, the home of the Royal Stockholm Philharmonic Orchestra since the inauguration in 1926. The designer of the building was Ivar Tengbom, one of the leading Swedish architects of his time. His idea was to "raise a musical temple not far from the Artic Circle". The sculptor Carl Milles created the famous Orpheus fountain in front of the Concert Hall. The facade towards the market-place and it's slender Corinthian colonnade are the strings that the huge Orfeus is playing on.

Das Stockholmer Konzerthaus am Hötorget mitten im Zentrum von Stockholm wurde 1926 eingeweiht und beheimatet seit dem das Stockholmer Philharmonie Orchester. Der Erbauer des Hauses, Ivar Tengbom, hatte in seiner Vorstellung die Errichtung eines griechischen Tempels in der Nähe des Polarzirkels.
Der bekannte Orpheus Brunnen vor dem Konzerthaus ist ein Werk von Carl Milles. Der stattliche Orpheus spielt auf den Strängen, den korinthischen Säulen der Konzerthausfassade.

Стокгольмский Концертный зал на площади Hötorget в центре Стокгольма был открыт в 1926 г. Здесь располагается Королевский филармонический оркестр. Автор проекта Ивар Тенгбум, один из ведущих шведских архитекторов того времени, задался целью “возвести греческий храм неподалеку от Полярного круга”. Скульптор Карл Миллес создал знаменитый фонтан Орфея перед Концертным залом. Фасад, обращенный на площадь, и его стройные коринфские колонны и есть те струны, на которых играет огромный Орфей.

30

Grand Hôtel, femstjärnigt deluxe hotell på Blasieholmen. Sedan 1901 har Nobel Pris vinnarna och deras familjer bott här under Nobel festligheterna.

Grand Hôtel, the five star de luxe hotel on Blasieholmen. Since 1901 the Nobel Prize-winners and their families have stayed here during the Nobel festivities.

Grand Hôtel, fünfsterne delux Hotel auf Blasieholmen. Seit 1901 wohnen die Nobelpreisträger und ihre Familien während der Nobelfestlichkeiten dort.

Гранд-отель, роскошный пятизвездный отель на Бласиехольмене. С 1901 г. здесь останавливаются во время нобелевских торжеств лауреаты Нобелевских премий и их семьи.

Sergels Torg med Kulturhuset, ett allaktivitetshus med möjligheter för alla konstarter att komma till tals, och Edvin Öhrströms magnifika KRISTALLVERTIKALACCENT, en 38 m. hög pelare uppbyggd med glasprismor kring en stålstomme.

The Sergel square with Kulturhuset - the centre of Culture -; a house with possibilities for all kinds of arts, and with Edvin Öhrström's magnificent sculpture KRISTALLVERTIKALACCENT, 38 metres high, built with drops of glass around a steel sceleton.

Der Sergels Torg mit dem Kulturhaus, ein Sammelpunkt für alle Kunstarten. "Kristallvertikalaccent" von Edvin Öhrström, eine 38 m. hohe beleuchtete Säule aus Glasprismen um eine Stahlkonstruktion erbaut.

Площадь Сергеля и Дом культуры, предоставляющий возможности для выражения всех видов искусства; величественный монумент Эдвина Эрстрема, колонна высотой в 38 м, возведенная из стеклянных граней вокруг стального каркаса.

31

Vagn 2000 - en ny generation tunnelbanevagnar - i Stockholms Tunnelbana.

The new Stockholm Metro car.

Die neue Generation der Stockholmer U-Bahn - Typ 2000.

Новый вагон стокгольмского метро.

Tunnelbanan - världens längst konstutställning.På c:a 80 st a 100-talet tunnelbanestationer bjuds resenären på spännand vackra och varierande konstupplevelser. Runt 130 konstnärer har gett Stockholm tunnelbana färg, form och liv.

The subway - the longest art gallery in the world. In about 80 of the 100 subway-station the travellers can look at beautiful and vaying art exhibitions. About 130 artists have made the Stockholm subway full of colour, shape and life.

Die U-Bahn - Die längste Kunstausstellung der Welt. Au ca. 80 von 100 U-Bahn Stationen werden dem Reisenden spannende, verschiedenartige Form- und Farberlebnisse geboten. Ungfähr 130 Künstler haben die Stationen der Stockholme U-Bahn ausgeschmückt.

Метро - самая длинная в мире художественная выставка. Примерно на 80-и из сотни станций метро пассажиру предлагается знакомство с прекрасными, интересными и разнообразными произведениями искусства. Около 130 художников оживил стокгольмское метро, придав ему форму и цвет.

34
Åhléns City, det största varuhuset i Sverige, vid Sergels Torg mitt i Stockholm.

Åhléns City, the largest department store in Sweden. Why not take home a bit of Sweden?

Åhléns City, das grösste Kaufhaus Schwedens am Sergels Torg mitten in Stockholm. Hier können sie Erinnerungen an Schweden für zu Hause kaufen.

Åhléns City - крупнейший универмаг в Швеции. Почему бы не увезти с собой домой частицу Швеции?

Sturegallerian vid Stureplan, ett shopping center med en vänlig och kontinental atmosfär.

Sturegallerian at Stureplan in the heart of Stockholm, offers you an attractive shopping mall with a friendly and continental atmosphere.

Sturegallerian am Stureplan eine Einkaufspassage mit einer freundlichen und mitteleuropäischen Atmosphäre.

Галерея Стуре на площади Стуреплан в самом сердце Стокгольма - привлекательный торговый центр с дружелюбной континентальной атмосферой.

35

m/s Gustafsberg VII byggd 1912, och som ingår i Strömma Kanals flotta, gör utflykter både i skärgården och i Mälaren, samt går att hyra för olika festarrangemang.

m/s Gustafsberg VII was built in 1912, belongs to the Strömma Kanal company, and makes excursions in the archipelago and in Mälaren, and is also possible to rent for different festival arrangements.

m/s Gustafsberg VII erbaut 1912 gehört zur Personenschiffsflotte der Strömma Kanal Gesellschaft. Ausflugsverkehr zu den Schären und im Mälarsee, samt private Mietfahrten und Feste.

Моторное судно Gustafsberg VII, построенное в 1912 г. и входящее в подвижной состав компании Strömma Kanal, совершает экскурсионные поездки на архипелаг и по озеру Меларен; его можно также арендовать для проведения разного рода торжеств.

37

ädeгholmarna - de närmaste öarna i
ärgården, 25 minuters båtresa från
ybroplan.
ogar, badklippor, hantverksbutiker,
useer och massor av aktiviteter för
rnen.

Fjäderholmarna - the closest islands of the archipelago. You reach these islands after a 25-minute boat trip from Nybroplan. Inns, cliffs to bathe from, handicraft shops, museums and lots of activities for the children.

Fjäderholmarna, die nächst gelegenen Schären, 25 Minuten Schiffsreise vom Nybroplan.
Wirtshäuser, Badeklippen, Handwerksstände, Museum und viele Beschäftigungen für Kinder.

Фьедерхольмарна, ближайшие острова на архипелаге, находятся в 25 минутах путешествия на корабле от Нибруплана. Рестораны, скалы, с которых хорошо купаться, магазины, торгующие изделиями народных ремесел, музеи и масса интересных дел для детей.

ockholms skärgård med 24 000 öar!
ɔptäck en av de vackraste
ärgårdarna i världen. Det finns flera
öjligheter att komma ut till dessa
ntastiska öar med någon av Strömma
nal båtarna.

24 000 islands in the archipelago of Stockholm! Discover one of the most beautiful archipelagos in the world. There are several possibilies to reach these fantastic ilands with some of the Strömma Kanal boats.

Stockholms Schärengarten mit 24 000 Inseln. Entdecke einen der schönsten Schärengärten der Welt. Mit der Strömma Kanal Personenschiffahrt gibt es viele Möglichkeiten zu diesen phantastischen Inseln zu gelangen.

В Стокгольмском архипелаге 24 000 островов! Откройте для себя один из красивейших архипелагов в мире. Есть разные возможности отправиться на эти фантастические острова судами компании Strömma Kanal.

38

40

Sommarnatten, som sänkt sig över Kungl. Slottet och Storkyrkan - Stockholms Domkyrka - lyses upp av ett festfyrverkeri över Gamla Stan.

Twilight descends upon the Royal Palace and Storkyrkan - the Stockholm Cathedral - while a festive display of fireworks illuminates the night sky above the Old Town.

Sommernacht senkt sich über das königliche Schloss und Storkyrkan - den Stockholmer Dom - und funkensprühendes Feuerwerk erhellt die Altstadt.

Белая ночъ, опустившаяся на Королевский дворец и Storkyrkan - Кафедралъный собор Стокголъма, - расцвечена огнями праздничных фейерверков в небе над Старым городом.

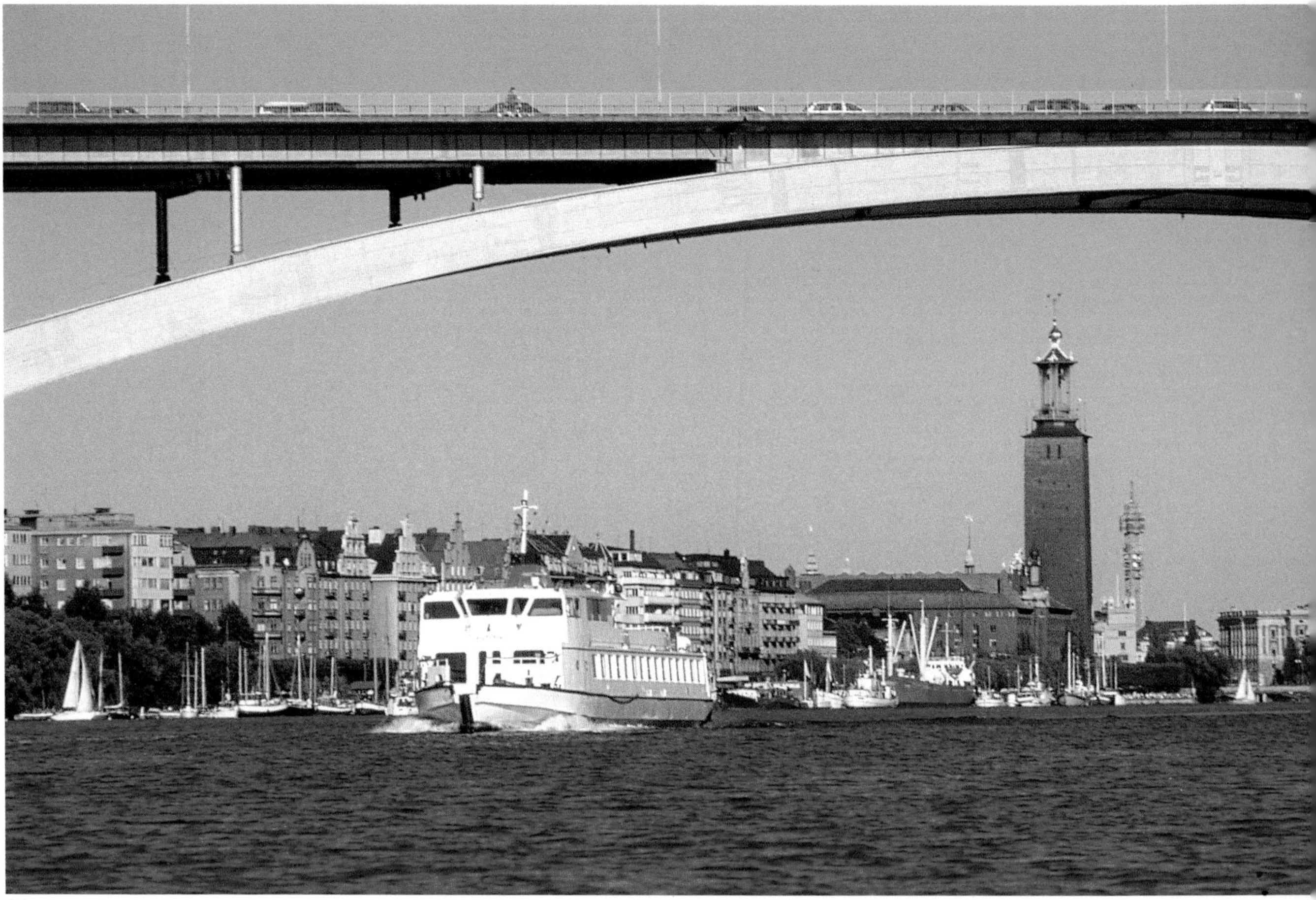

42

▲ Riddarfjärden med Stadshuset i bakgrunden. En passagerarbåt passerar under Västerbron på väg till Birka, vikingastaden på Björkö i Mälaren.

Riddarfjärden with the City Hall in the background. A passenger boat is just passing under Västerbron on its way to Birka, an ancient viking town on Björkö in Mälaren.

Riddarfjärden mit Stadthaus im Hintergrund. Ein Personenschiff passiert unter der Västerbron auf dem Wege nach Birka, der Wikingerstadt auf Björkö, im Mälarsee.

Риддарфьерден с ратушей на заднем плане. Пассажирский корабль, проходящий под мостом Вестербрун, направляется в Бирку, город викингов на острове Бьёркё на озере Меларен.

43

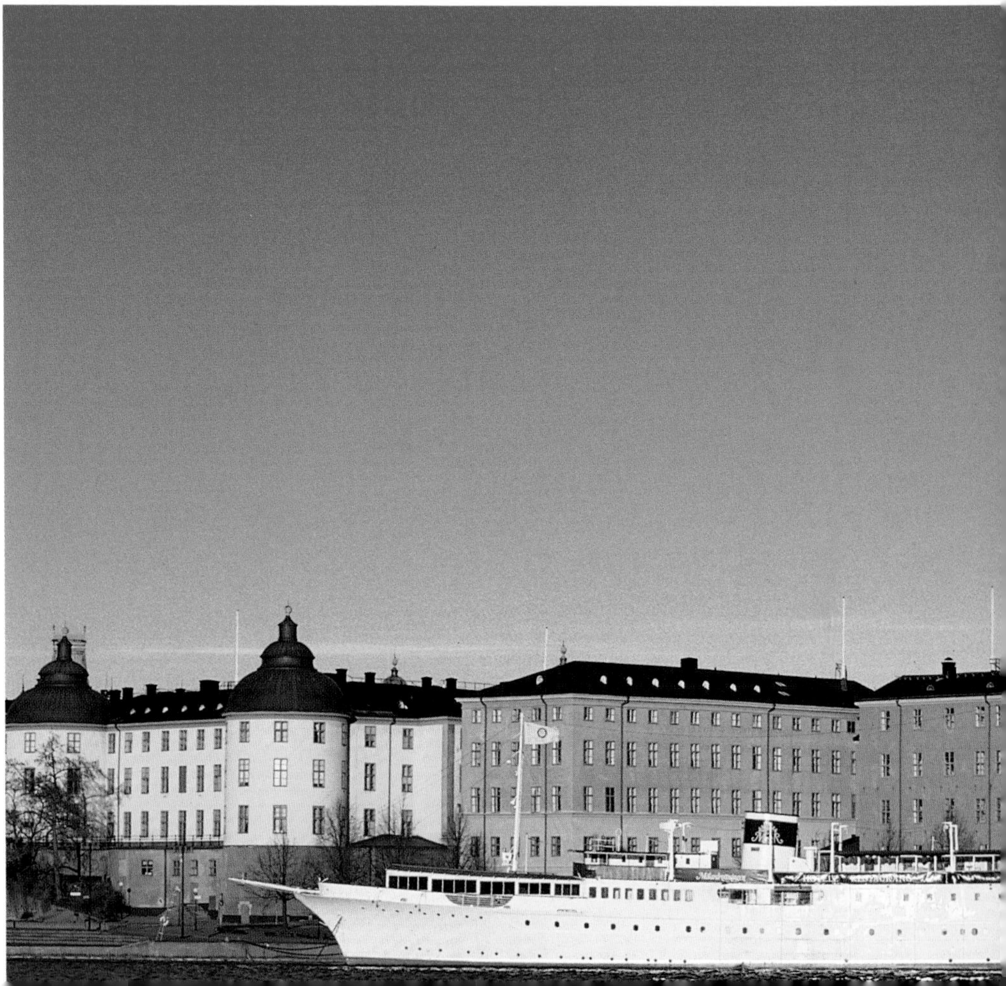

44

Ett svalkande dopp på Smedsuddsbadet mitt i storstaden Stockholm! Fullt möjligt, även på flera andra bad i staden, vilket säger en hel del om den utmärkta vattenkvaliteten. En unik möjlighet i en huvudstad.

A refreshing swim at Smedsuddsbadet in the middle of Stockholm! This is truly possible even in other places in the city, which explains the excellent quality of the water. A unique possibility in a capital city.

Ein erfrischendes Bad im Smedsuddsbadet mitten in Stockholm! Ja, es ist möglich und sogar bei ausgezeichneter Wasserqualität, auch in den anderen Freibädern der Stadt. Dies kann nicht jede Haupstadt bieten.

Окунуться в прохладную воду на пляже Смедудсбадет прямо в центре Стокгольма! Вполне возможно, так же как и на многих других городских пляжах, что говорит о многом в отношении отличного качества воды. Уникальная возможность для столицы.

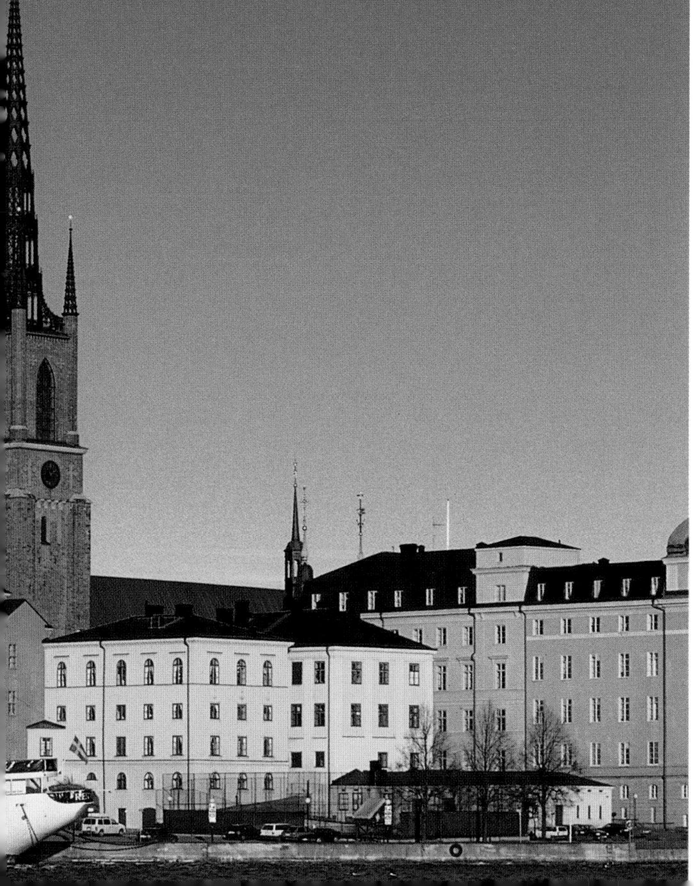

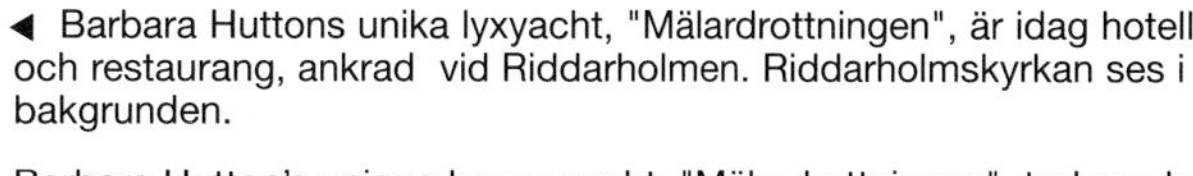

◀ Barbara Huttons unika lyxyacht, "Mälardrottningen", är idag hotell och restaurang, ankrad vid Riddarholmen. Riddarholmskyrkan ses i bakgrunden.

Barbara Hutton's unique luxury yacht, "Mälardrottningen", today a hotel and restaurant, at Riddarholmen where Riddarholmskyrkan is situated.

Barbara Huttons Luxusyacht "Mälardrottningen", heute Hotel und Restaurant festvertäut am Riddarholmen wo auch die Riddarholmskyrkan (Grabkirche) zu finden ist.

Уникальная роскошная яхта Барбары Хаттон "Королева Меларена" служит сегодня гостиницей и рестораном и стоит на якоре у острова Риддархольмен, где находится Риддархольменская церковь.

"Friskis & Svettis" utomhusjymping i Rålambshovsparken vid Riddarfjärden.

"Friskis & Svettis" outdoor "jymping" in Rålambshovsparken by Riddarfjärden.

"Friskis & Svettis" Freiluft Gymnastik im Rålambshovs Park am Riddarfjärden.

Занятия аэробикой на открытом воздухе в парке Роламбсхоф у Риддарфьердена.

45

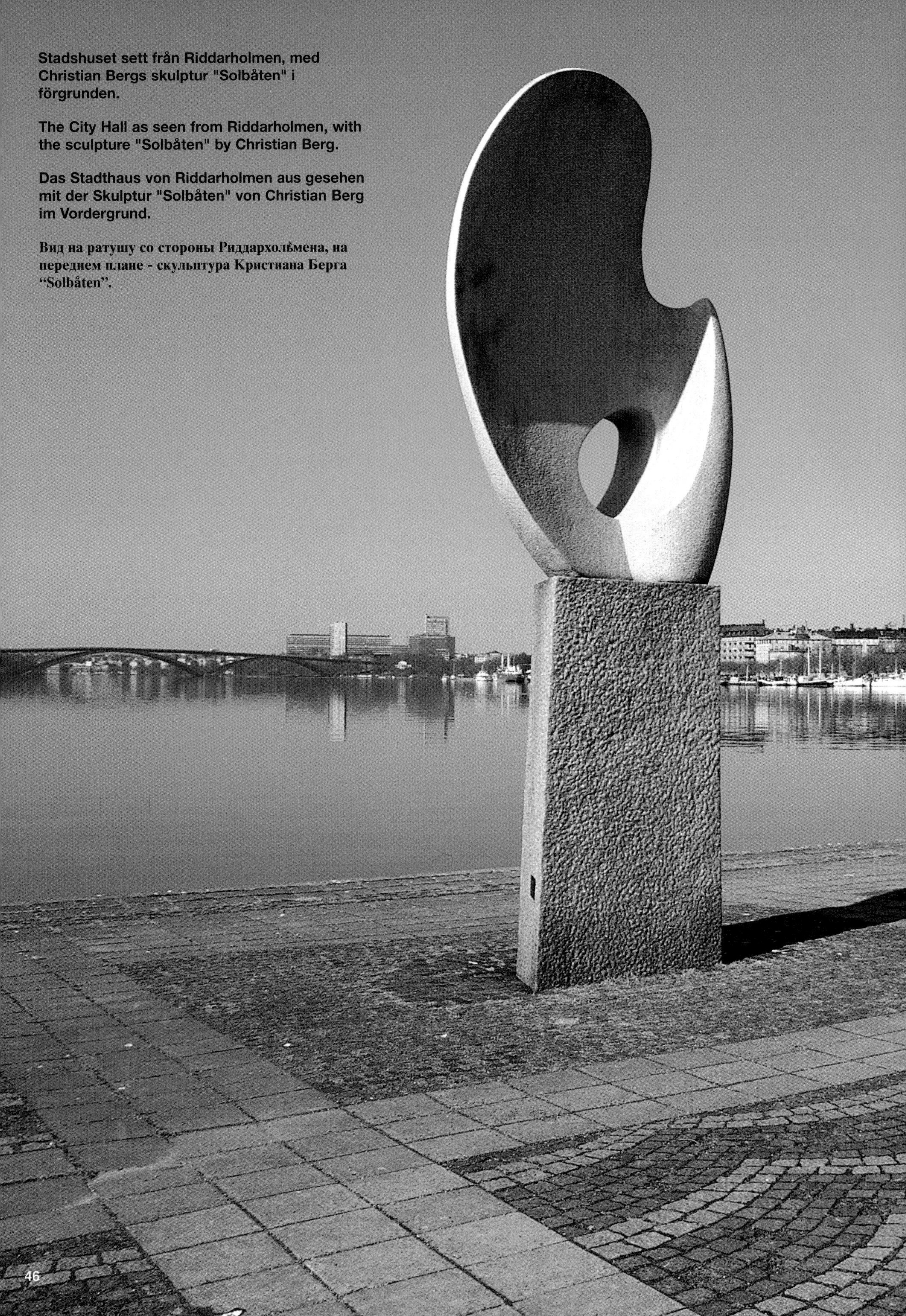

Stadshuset sett från Riddarholmen, med Christian Bergs skulptur "Solbåten" i förgrunden.

The City Hall as seen from Riddarholmen, with the sculpture "Solbåten" by Christian Berg.

Das Stadthaus von Riddarholmen aus gesehen mit der Skulptur "Solbåten" von Christian Berg im Vordergrund.

Вид на ратушу со стороны Риддархольмена, на переднем плане - скульптура Кристиана Берга “Solbåten”.

Stockholms Stadshus uppfördes 1911-1923 efter arkitekten Ragnar Östbergs ritningar, ett av Sveriges främsta byggnadsverk i nationalromantisk stil. Det invigdes 1923 på 400-årsdagen av den svenska nationalstatens grundare Gustav Vasas intåg i huvudstaden.

The Stockholm City Hall is one of Sweden's most beautiful monumental buildings. It was designed by the architect Ragnar Östberg and built in the years 1911-1923, when it was inaugurated on the 400th anniversary of the entry into Stockholm of King Gustaf Vasa who reinstated the national Swedish Kingdom.

Das Stockholmer Stadthaus wurde in den Jahren 1911-1923 nach Plänen des Architekten Ragnar Östberg erbaut. Es ist eines der bedeutensten Bauten der schwedischen Nationalromantik. Die Einweihung geschah 1923, 400 Jahre nach der Gründung des schwedischen Nationalstaates durch Gustav Wasa und dessen Einzug in die Hauptstadt Stockholm.

Стокгольмская ратуша, одно из красивейших сооружений Швеции, построенных в стиле национального романтизма, возведена в 1911-1923 гг. по проекту архитектора Рагнара Эстберга. Она была торжественно открыта в 1923 г. в день 400-сотлетия со дня вступления в город основателя шведского государства Густава Васы.

49

Stockholms Stadshus är ett ståtligt arkitektoniskt verk. Detta är det 106 m. höga tornet med Engelbrektskolonnen till vänster.

The City Hall has a remarkable architectural design. This is the tower, 106 m. in height, with the Engelbrekt Monument to the left.

Das Stockholmer Stadthaus ist ein prachtvolles architektonisches Werk. Dies ist der 106 m. hohe Turm mit der Engelbrekts Säule links.

Стокгольмская ратуша - выдающееся архитектурное сооружение. На снимке башня высотой 106 м, слева - колонна Энгельбректа.

◀

▼

Stadshuset är den kommunala styrelsens säte och stadens representationsbyggnad med ett magnifikt läge vid Riddarfjärden.

The City Hall is the office of the city government and the representative building on a magnificent place by Riddarfjärden.

Das Stadthaus ist der Sitz der Stadtverordneten Versammlung und das Repräsentationsgebäude der Stadt Stockholm, belegen in hervorragender Lage am Riddarfjärden.

Ратуша - место, где заседает муниципальное управление, а также парадное здание для городского совета с великолепным видом на Риддарфьерден.

47

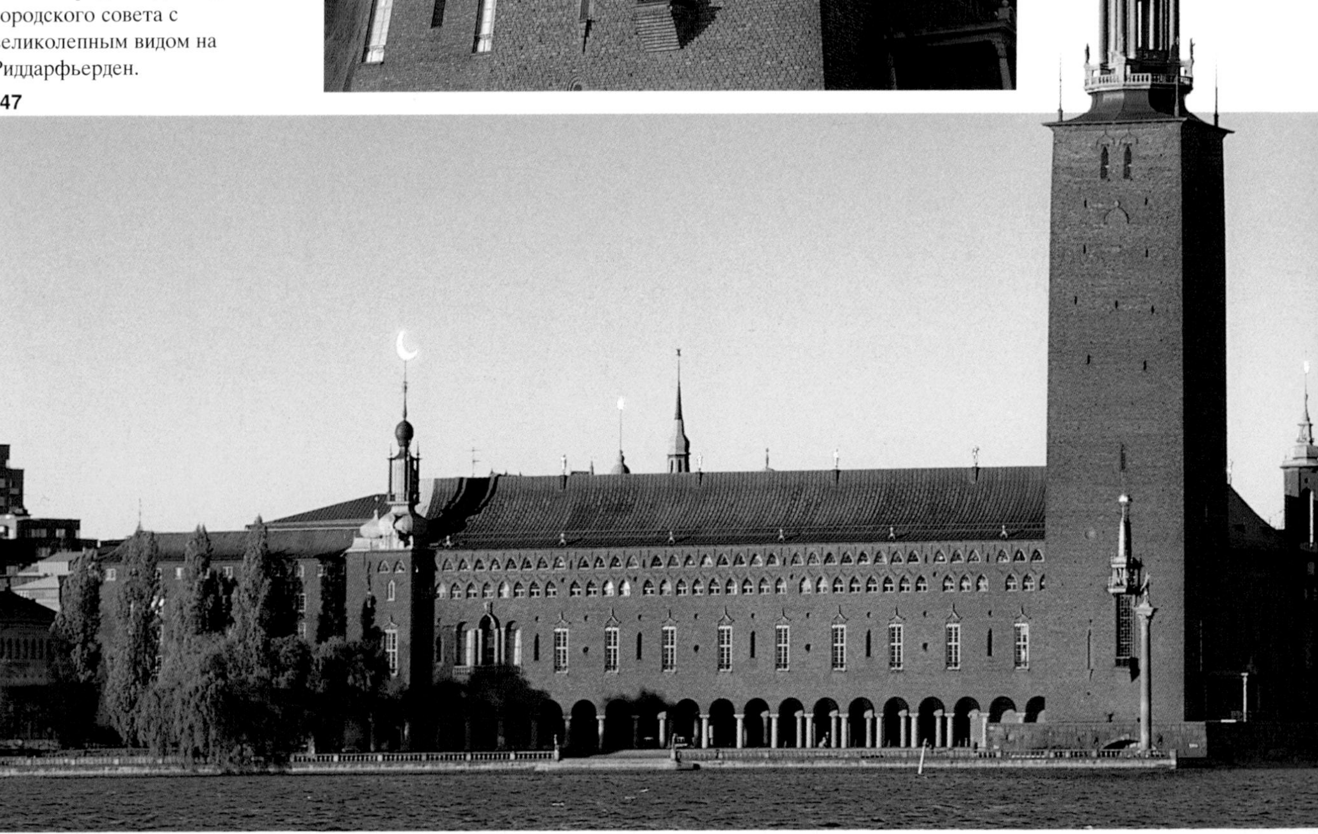

En närbild av toppen på Stadshustornet och de Tre Kronorna. **50**

A close-up of the City Hall tower with the Three Crowns at top.

Eine Nahaufnahme der Stadthaus Turmspitze mit den drei Kronen.

Крупный план башни ратуши с тремя коронами на вершине.

Cenotafium - minnesgravvård - vid Stadshuset över Birger Jarl, stadens grundläggare 1252.

The cenotaph at the City Hall of Birger Jarl, the founder of the city 1252.

Cenotafium - Erinnerungsstätte - am Stadthaus - an Birger Jarl den Gründer der Stadt 1252.

Памятное надгробие Биргера Ярла, основавшего город в 1252 г., у здания ратуши.

48

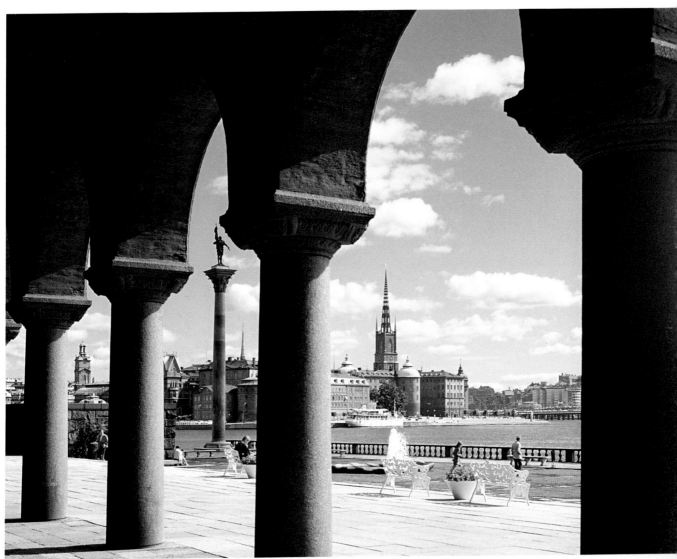

51
Stadshusets södra fasad och terrassen mot vattnet.

The Southern Portico of the City Hall and the Waterside Terrace.

Die südliche Fassade des Stadthaus und die Terrasse zum Wasser hin.

Южный фасад ратуши и терраса, спускающаяся к воде.

52

På en av pelarna vid terrassen mot vattnet vid Stadshuset, finns denna relief i granit gjord av Christian Eriksson. Den föreställer konstnären Carl Larsson målande ett motiv från den vackra staden från andra sidan av Riddarfjärden.

On one of the columns facing the Waterside Terrace at the City Hall , this relief in granite by Christian Eriksson can be seen, representing the artist Carl Larsson making a painting of the beautiful city from the other side of the water.

An einem der Pfeiler an der Terrasse zum Wasser hin, ist ein Relief von Christian Eriksson in den Granit gehauen. Es zeigt den Maler Carl Larsson, wie er ein Motiv der schönen Stadt von der anderen Seite des Wasser gesehen malt.

Этот барельеф из гранита работы ристиана Эриксона на одной из колонн у террасы, спускающейся к воде, изображает художника Карла Ларсона, который пишет прекрасный город по ту сторону залива.

Den svenska kungliga slupen "Vasaorden" byggdes 1774. En brand förstörde slupen 1921. Den rekonstruerades och nybyggdes 1922-23. Att få se den kungliga slupen på Stockholms vatten förknippas gärna med högtidliga besök av främmande statsöverhuvuden i vår huvudstad, eller firande av större högtidligheter inom den svenska kungafamiljen. Här är den kungliga slupen på väg att anlöpa Stadshuset.

The Royal Barge of Sweden "Vasaorden", was originally built in 1774. A fire destroyed the barge in 1921, but it was rebuilt in 1922-23. The "Vasaorden" seen on the waters of Stockholm, is associated with ceremonial visits by foreign Heads of State to Stockholm, or the celebration of events within the Royal Family. The barge is here calling the City Hall.

53

Die königlich schwedische Schlupe Vasaorden wurde 1774 gebaut. Ein Brand zerstörte das Schiff 1921.
Eine Rekonstruktion entstand 1922-23.
Die Vasaorden ist bei Besuchen von fremden Staatsoberhäuptern oder bei Feiern im schwedischen Köningshause auf den Stockholmer Gewässern zu sehen.

Шведский королевский шлюп "Vasaorden" первоначально был построен в 1774 г. В 1921 г. корабль погиб при пожаре, но в 1922-23 гг. его отстроили заново. Когда жители Стокгольма видят "Vasaorden" в стокгольмских водах, это связано с официальными визитами глав зарубежных государств или с какими-то торжествами в королевской семье. На этом снимке корабль заходит в гавань у ратуши.

54

Blå Hallen i Stadshuset är en monumental samlingssal med väggar av rött tegel och golvet i Kolmårdsmarmor.

The Blue Hall in The City Hall is a monumental hall with walls of red bricks and the floor of marbles from Kolmården in Sweden.

Die Blaue Halle ist ein weitträumiger Festsaal mit Wänden aus rotem Klinker und Fussboden aus schwedischen Kolmårdsmarmor.

Голубой зал ратуши - величественный актовый зал со стенами из красного кирпича и мраморным полом.

55

Detalj från Gyllene Salens mosaikvägg i Stadshuset.

Detail from the mosaic wall in the Golden Hall in the City Hall.

Einzelheit aus der Mosaikwand des Goldenen Saales im Stadthaus.

Фрагмент мозаичной стены Золотого зала в ратуше.

Gyllene Salen. Med drygt 18 miljoner mosaikbitar av glas och guld har konstnären Einar Forseth skapat en guldgnistrande bankettsal.
Salen domineras av "Mälardrottningen, Stockholm hyllad av Österland och Västerland", på fondväggen.

The Golden Hall contains over 18. 000. 000 mosaic pieces made of glass and gold. Einar Forseth has created a glistening banqueting hall, which is dominated by the "Queen of the Mälar" on the northern wall which represents Stockholm being honoured by the East and the West.

Der Goldene Saal, ein Bankettsaal der mit über 18 Millionen farbigen und goldenen Mosaiksteinchen ausgeschmückt ist. Der von Einar Forseth geschaffene Saal wird im Fond von dem Mosaik "Mälardrottningen" beherrscht, der das Morgen- und Abendland ihre Huldigung darbringen.

В Золотом зале использовано более 18 миллионов кусочков мозаики из стекла и золота. Эйнар Форсет создал сверкающий банкетный зал, где доминирующей является "Королева Меларена" на северной стене, символизирующая Стокгольм, принимающий приветствия от Востока и Запада.

56

Prinsens Galleri i Stadshuset används för stadens mottagningar. Här ses raden av dubbla pelare och Prins Eugens al fresco-svit, kallad "Stockholms stränder".

The Gallery of the Prince in the City Hall is used for the City's receptions. This is the row of double columns and frescos by Prince Eugen, the "Shores of Stockholm".

Die Galerie der Prinzen dient für die Empfänge der Stadt. Gezeigt die doppelte Pfeilerreihe und die Freskensuite des Prinzen Eugen genannt "Die Strände von Stockholm".

Галерея Принца в ратуше используется для официальных приемов. На снимке ряд двойных колонн и фрески принца Эужена под названием "Стокгольмские набережные".

57

En bild från Rådssalen i Stadshuset, där taket med sin fingerade öppning för tanken till en vikingatida ryggåsstuga.

This is the Council Chamber at the City Hall. The ceiling with its imitation opening gives one the impression of being in a viking long-house.

Eine Aufnahme vom Ratssaal des Stadthauses. Die Saaldecke mit ihrer vorgetäuschten Öffnung führt den Gedanken in ein Langhaus der Wikingerzeit.

Это Зал заседаний совета в ратуше, в котором потолок, имитирующий отверстия, наводит на мысль о жилых постройках времен викингов.

58

59

Efter den årliga Nobelprisutdelningen i Konserthuset följer den festliga Nobelbanketten i den storslagna Blå Hallen i Stadshuset.
Här bärs desserten in av c:a 200 st kypare till de c:a 1300 st gästerna. En mycket imponerande syn!

The annuel Nobel Banquet, on December 10, takes place in the magnificent Blue Hall in the City Hall after the Nobel Prize Ceremony at the Concert Hall. Some 1300 guests are being served by about 200 waiters. This is the scene of bringing in the dessert, a most impressing sight!

Nach der jährlichen Nobelpreis Verleihung im Konzerthaus, folgt das festliche Nobel Bankett, in der grossartigen Blauen Halle im Stadthaus. Hier wird das Dessert von den ca. 200 Aufpassern für die ca. 1300 Gäste hereingetragen. Ein sehr imponierender Anblick!

За ежегодной церемонией вручения Нобелевских премий в Концертном зале следует торжественный Нобелевский банкет в великолепном Голубом зале ратуши. На этом снимке около 200 официантов подают десерт примерно 1300 гостям - весьма впечатляющее зрелище!

60

Stockholm har sedan 1995, som världens första huvudstad, en egen Nationalstadspark, som omfattar tre kungliga parker: Djurgården, Haga och Ulriksdal. De kungliga ekarna är både kultur och natur.

Since 1995 Stockholm as the first capital in the world, has its own National City Park which encloses three royal parks: Djurgården, Haga and Ulriksdal. The royal oaks are both culture and nature.

Stockholm hat seit 1995, als erste Hauptstadt der Welt, einen eigenen National Stadtpark, der von den drei königlichen Parkanlagen Djurgården, Haga und Ulriksdal gebildet wird. Die königlichen Eichen sind beides Kultur und Natur.

С 1995 г. Стокгольм является первой в мире столицей, имеющей собственный национальный парк, охватывающий три королевских парка: Юргорден, Хага и Ульриксдаль. Королевские дубы представляют и культуру, и природу.

61

▶ I Bergianska Trädgården kan växter från jordens alla hörn upplevas. Här i Edvard Andersons fantastiska växthus finns tropikernas palmer, bananer och lianer. Medelhavets blommor, buskar och träd, liksom Sydafrikas märkliga ökenlandskap.

In Bergianska Trädgården you can see plants from every part of the world. In this fantastic greenhouse of Edvard Anderson there are palmtrees, bananas and lianes, flowers from the Mediterranean as well as bushes and trees from the strange desert regions in south Africa.

Im Bergianska Trädgården, dem Botanischen Garten von Stockholm, kann man Pflanzen und Bäume von allen Ecken der Welt erleben. In dem phantastischen Gewächshaus von Edvard Anderson sind tropische Palmen, Bananenstauden und Schlingpflanzen, die Blumen, Büsche und Bäume des Mittelmeergebietes, sowie Südafrikas eigartige Wüstenlandschaft zusehen.

В Бергианском ботаническом саду можно увидеть растения со всех уголков света. Здесь, в фантастической оранжерее Эдварда Андерсона, растут тропические пальмы, бананы и лианы, средиземноморские цветы, кустарники и деревья, а также своеобразный пустынный ландшафт Южной Африки.

62

63

Kaknästornet, 155 m. högt, är en av Skandinaviens och norra Europas högsta byggnader. En fantastisk utsikt bjuds från toppen. Tornet besöks av c:a 300 000 besökare per år.

◀

Ulriksdals slott är ett av de förnämsta kungliga slotten i Stockholmstrakten. Det uppfördes 1639-44 i nederländsk renässans. Sommartid är slottet öppet.

The Kaknäs Tower is 155 metres high and one of the highest buildings in Scandinavia and northern Europe. There is a fantastic view from its top. About 300.000 visitors are coming to the tower every year.

Ulriksdal is one of the foremost castles around Stockholm. It was built 1639-44 in Dutch Renaissance. In summertime the castle is open for visitors.

Der Kaknästornet ist 155 m hoch und einer von Skandinaviens höchsten Fernsehtürmen. Die Aussichtsplattform erbietet einen einmaligen Ausblick über weite Teile von Stockholm. Der Turm hat ca. 300. 000 Besucher jährlich.

Ulriksdals Slott ist eines der schönen königlichen Schlösser in der Stockholmer Umgebung. Es wurde 1639-44 im niederländischen Renaissancestil gebaut. Das Schloss ist im Sommer für Besucher geöffnet.

Башня Какнэстурнет высотой 155 м-одно из самых высоких сооружений в Скандинавии и Северной Европе, с вершины которой открывается фантастический вид. Башню посещают около 300 000 посетителей в год.

Дворец Ульриксдаль - один из красивейших королевских дворцов в пригороде Стокгольма, возведенный в стиле нидерландского возрождения. В летнее время дворец открыт для посещений.

NORDISKA MUSEET

64

Nordiska museet på Djurgården är ett kulturhistoriskt museum som samlar, vårdar och visar föremål, bilder och kunskap om livet och arbetet i Sverige från 1520 till idag.

The Nordiska museet, just across the bridge to Djurgården, is a cultural history museum with nationwide responsibility for providing an account of cultural heritage.

Nordiska museet, gleich hinter der Brücke zum Djurgården, ist ein kulturhistorisches Museum und zeigt Sammlungen über Gegenstände, Bilder und Wissen über das Leben in Schweden in der Zeit von 1520 bis heute.

Nordiska museet на Юргордене - музей истории культуры, который собирает, хранит и выставляет предметы, фотографии и знания о жизни и работе в Швеции с 1520 г. до наших дней.

65

Det första man möter när man kommer in i Nordiska museet är kolossalstatyn av Gustav Vasa, 1496-1560, Kung i Sverige från 1523. Statyn är gjord av Carl Milles och stod färdig 1925. Den är skulpterad i ek, målad och förgylld.

The very first you see when you enter the Nordiska museet is the huge statue of Gustav Vasa, 1496-1560, King of Sweden from 1523. The staue is a work by Carl Milles, completed in 1925. It is carved in oak, painted and gilded.

Das erste was einem beim Betreten des Nordiska museet begegnet ist eine Riesenstatue von Gustav Wasa, 1496-1560, König von Schweden ab 1523. Die Statue ist von Carl Milles und wurde 1925 fertig. Sie ist aus Eichenholz, bemalt und vergoldet.

Первое, что видит посетитель, переступающий порог Nordiska museet - колоссальная статуя Густава Васы (1496-1560), короля Швеции с 1523 г. Статуя выполнена Карлом Миллесом и была закончена в 1925 г. Скульптура выполнена из дуба, расписана маслом и позолочена.

66 August Strindberg, 1849-1912, den mest berömda svenska författaren, har blivit hedrad med en permanent utställning på Nordiska museet, bestående av originalmanuskript samt fotografier och målningar, tagna och utförda av Strindberg själv.

August Strindberg, 1849-1912, the most famous Swedish author of all times, has been honored with a permanent exhibition at the Nordiska museet, consisting of original manuscripts and also photographs and paintings by Strindberg himself.

August Strindberg, 1849-1912, der berühmteste schwedische Verfasser, wird mit einer ständigen Ausstellung im Nordiska museet geehrt. Es werden originalmanuskripte sowie eigene Photographien und eigene Bilder des Verfassers gezeigt.

Август Стриндберг (1849-1912), самый знаменитый из шведских писателей, удостоен чести быть представленным на постоянной выставке в Nordiska museet, состоящей из оригиналов его рукописей, фотографий и картин, выполненных самим Стриндбергом.

67

Festmåltid från 1600-talets slut. Interiör i Nordiska museets utställning "Dukade Bord 1500-1950".

Festival dinner from the end of 1600. Interior from the exhibition in the Nordiska Museet called "Tables laid 1500-1950".

Festmahlzeit aus dem 1600. Jahrhundert. Teil der Ausstellung "Gedeckte Tische 1500-1950" im Nordiska museet.

Праздничное застолье конца XVII века. Интерьер выставки "Накрытый стол 1500-1950" в Nordiska museet.

VASA MUSEET

68

Regalskeppet Vasa var det dyraste och mest utsmyckade örlogsskepp som Sverige byggt vid denna tid. När Vasa seglade ut på sin första färd stod stockholmarna på stränderna för att önska god tur. Men istället blev de ögonvittnen till en katastrof: "Mellan klockan fyra och fem kullseglade och sjönk det stora, nya skeppet Vasen". Några korta rader nerskrivna den 10 Augusti 1628. Detta kunde ha varit slutet för ett prakfullt skepp, som sjönk redan på sin första färd. Men det blev istället början på ett äventyr som ännu pågår. Regalskeppet Vasa återfanns - nästan oskadat, stående på botten och bärgades 1961, efter 333 år på botten i Stockholms hamn. Nu är det en av världens främsta sevärdheter!

The warship Vasa was the most expensive and richly ornamented naval vessel built in Sweden at this time, in 1628. When Vasa sailed forth on her maiden voyage, Stockholmers stood along the shore to wish her good luck. Instead they were eyewitnesses to a disaster, just inside the Stockholm harbour. "Between four and five o'clock, the great new warship Vasa keeled over and sank". A few short lines about a major disaster were written on August 10, 1628. For a magnificent ship that sank on her very first voyage, this could have been the end. Instead, it was the beginning of an adventure that is still in progress. The Vasa was found almost intact, standing on the seabed, after three centuries. The ship was salvaged in 1961, after 333 years on the bottom of the sea in the Stockholm harbour, and is now one of the foremost tourist attractions in the world.

Die Vasa war das teuerste und meist ausgeschmückte Kriegsschiff, dass jener Zeit in Schweden gebaut wurde. Als die Vasa zur Jungfernfahrt ablegte standen die Stockholmer an den Stränden um gute Fahrt zu wünschen. Aber die Stockholmer wurden Augenzeugen einer Katastrophe: "Zwischen 4 und 5 Uhr kenterte und sank das grosse neue Schiff Vasa". Einige kurze Worte geschrieben am 10 August 1628. Dieses hätte der Schluss sein können für dieses prachtvolle Kriegsschiff, welches schon auf der ersten Fahrt sank. Es war aber der Anfang eines Abenteuers was heute noch weiterlebt. Das Kriegsschiff Vasa wurde beinahe unzerstört auf dem Meeresboden stehend wiederentdeckt und 1961 geborgen. Nach 333 Jahren auf dem Grund des Stockholmer Hafens, nun eine der grossen marinearkelogischen Sehenswürdigkeiten der Welt.

Королевский военный корабль "Васа" был самым дорогим и богато украшенным военным кораблем, построенным в Швеции в то время. Когда "Васа" был спущен на воду для первого путешествия, жители Стокгольма столпились на набережной, чтобы пожелать кораблю счастливого плавания. Вместо этого они стали очевидцами катастрофы: "Между четырьмя и пятью часами большой новый корабль "Васа" перевернулся и затонул". Несколько коротких строк о катастрофе были записаны 10-го августа 1628 г. Это могло бы стать концом роскошного военного корабля, затонувшего при первом же плавании. На самом деле это стало началом нового приключений, продолжающегося до сих пор. Королевский военный корабль "Васа" был обнаружен почти невредимым и поднят в 1961 г., пролежав 333 года на дне Стокгольмской гавани. Теперь это одна из самых знаменитых туристских достопримечательностей в мире!

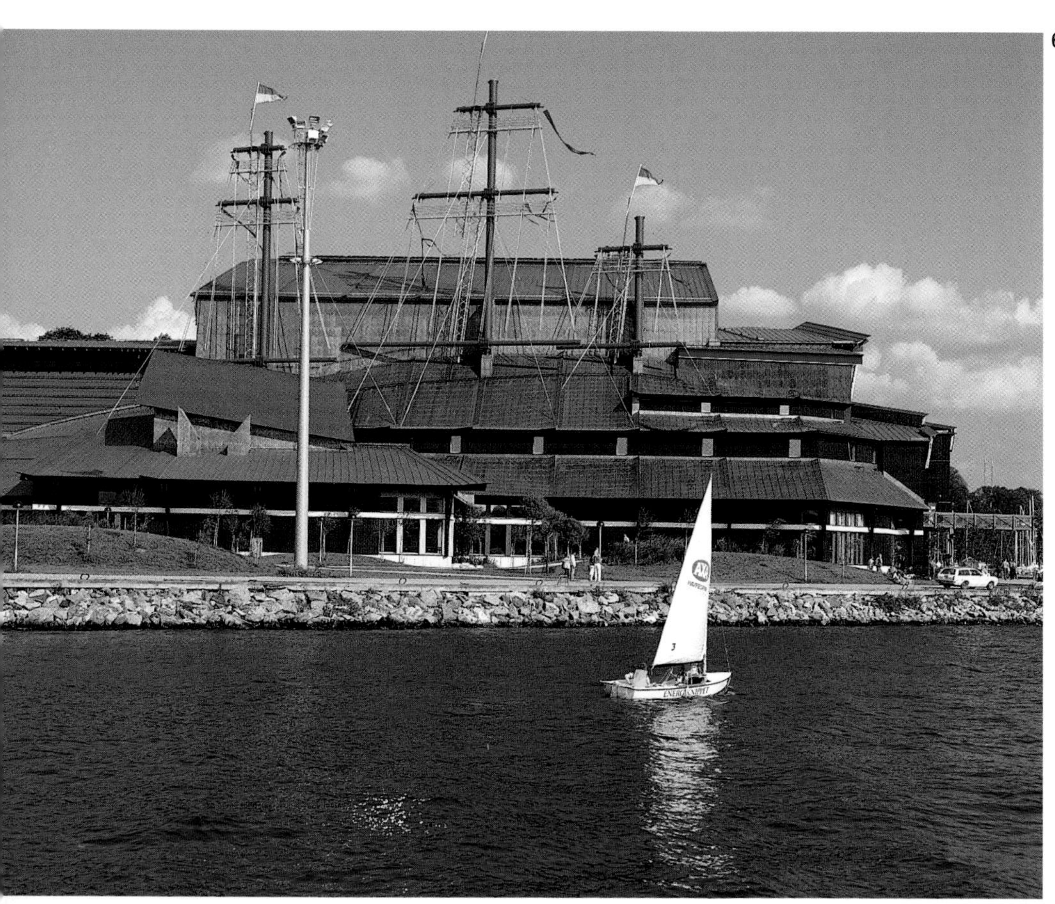

69 Vasamuseet är vackert beläget vid Galärvarvet på Djurgården.

The Vasa Museum has a beautiful location at Galärvarvet on Djurgården.

Vasamuseet in schöner Lage an der Galärvarvet auf Djurgården.

Vasamuseet in schöner Lage an der Galärvarvet auf Djurgården.

Музей "Васа" живописно расположен у Галерной верфи на острове Юргорден.

▼ Vasa var trots allt så välbehållen att hon efter bärgningen kunde flyta av egen kraft.

The Vasa was so well preserved that, after being salvaged in, she was able to float unaided.

Vasa war trotz allem so gut erhalten das sie nach ihrer Bergung wieder auf eigenem Kiel schwimmen konnte.

Корабль "Васа" так хорошо сохранился, что после подъема со дна мог плыть своим ходом.

70

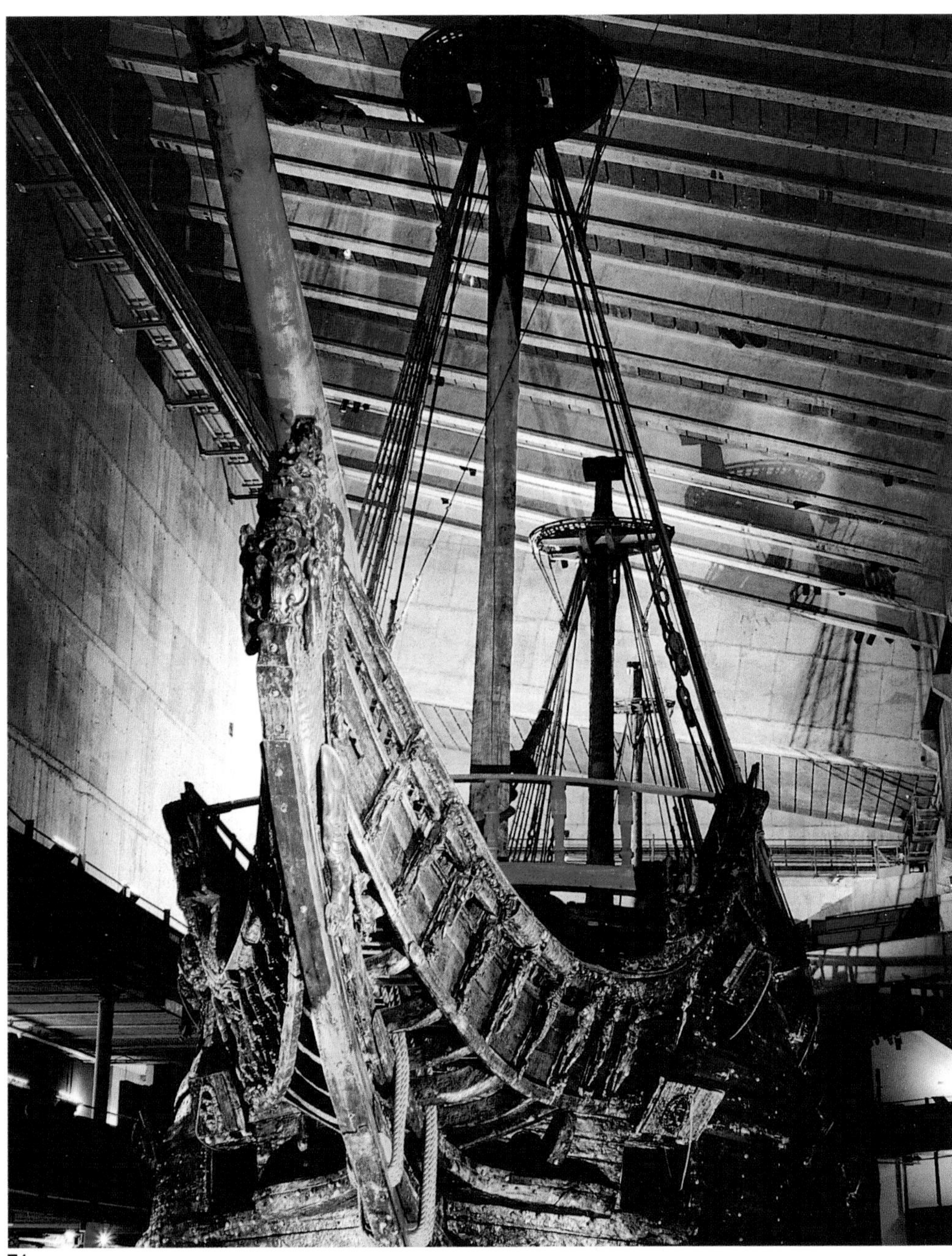

71

Regalskeppet Vasa sett förifrån.

The royal warship Vasa seen from below the beakhead.

Das Kriegsschiff Vasa von vorn gesehen.

Королевский военный корабль “Васа” - вид снизу с носовой части.

72

Akterspegeln är Vasas mest smyckade del.

The stern is the most ornamented part of the Vasa.

Der Achterspiegel der Vasa ist das meist ausgeschmückte Teil.

Корма - наиболее богато декорированная часть “Васа”.

73

Det svenska riksvapnet på övre delen av Vasas akterspegel.

The national Swedish coat of arms on the upper part of the stern of the Vasa.

Das schwedische Reichswappen am oberen Teil von Vasas Achterspiegel.

Государственный герб Швеции в верхней части кормы “Васа”.

74

75

Gröna Lunds Tivoli på Djurgården, "den lyckligaste platsen i Stockholm". Sveriges äldsta och vildaste tivoli, där människor roat sig sedan 1883. c:a 25 st åkattraktioner, varitéteater, flera musikscener, tiotalet restauranger gör "Grönan" till ett tivoli för alla.

Gröna Lunds Tivoli at Djurgården - "the happiest place in Stockholm" - Sweden's oldest and wildest pleasure-ground where people have enjoyed themselves since 1883. About 25 attractions like scenic railways and roller costers, theatres, several musical scenes, about 10 restaurants make "Grönan" an amusement place for everyone.

Gröna Lunds Tivoli auf der Insel Djurgården, "der glücklichste Platz in Stockholm". Schwedens ältester und wildester Tivoli, wo sich die Menschen seit 1883 amüsiert haben. Ca. 25 tolle Attraktionen, Varitétheater, mehrere Musikszenen, Restaurationen machen "Grönan" zu einem Rummelplatz für alle.

Тиволи в парке Грёна Лунд на острове Юргорден, “самое счастливое место в Стокгольме” Старейший в Швеции парк аттракционов, в котором люди развлекаются с 1883 г., располагает примерно 25-ю различными аттракционами, варьете, многочисленными музыкальными сценами и десятко ресторанов, что делает его парком для всех.

76

SKANSEN

Skansen, som öppnades 1891, är världens första friluftsmuseum, mitt i storstaden. Här möter man den svenska historien bokstavligen levande. Se hur man levde på landet och i staden när Sverige ännu var ett jordbruksland. Gammalt hantverk utövas, vid gårdarna hålls husdjur och i hägn finns vilda djur, som björn, varg, älg och säl. Folkdans till spelmansmusik, Lill-Skansen för barnen - Skansen, öppet året runt, är en höjdpunkt för alla besökare och alla åldrar!

Skansen, which opened 1891, is the first outdoor museum in the world in the middle of a capital. Here you can meet the alive history of Sweden. You can see how life was in the countryside and in the cities when Sweden at that time was an agricultural country. Old handicraft is carried on. At the farms there is the living stock and behind fencing-wire are wild animals like bears, wolves, moose and seals. There is folk-dance to fiddle-music and a miniature Skansen for children. Skansen is open all year around. It is a great climax for all visitors and all ages!

Skansen wurde 1891 eröffnet. Es ist das erste Freiluftmuseum der Welt, mitten in der Stadt gelegen. Hier begegnet man der schwedischen Geschichte buchstäblich lebendig. Das Leben auf dem Lande und in der Stadt wird gezeigt, wie es war alls Schweden noch eine Agrargesellschaft hatte. Altes Handwerk wird vorgeführt. Auf den Bauernhöfen werden Tiere gehalten und Wilde Tiere wie Bär, Wolf, Elch und Robben sind in Gehegen zu sehen. Schwedische Volksmusik und Volkstänze werden vorgeführt. Lill-Skansen für die kleinsten Besucher. Skansen ist das ganze Jahr geöffnet und ist ein Höhepunkt für alle Besucher und alle Alter.

Скансен, открытый в 1891 г., является первым в мире музеем под открытым небом в центре города. Здесь встречаешься с живой шведской историей в прямом смысле этого слова. Здесь можно увидеть, как жили в деревнях и городах в то время, когда Швеция была еще сельскохозяйственной страной. Практиковались старые ремесла, в хозяйствах разводили домашних животных, а за оградой держали диких зверей, таких как медведи, волки, лоси и котики. Народные танцы под гармошку, малый Скансен для детей - в Скансен, открытый круглый год, приходят посетители любого возраста!

Sveriges Nationaldag firas varje år på Skansen den 6 Juni under stora festligheter och med närvaro av medlemmar ur Kungafamiljen.

Swedens National Commemoration day is hold on June 6th at Skansen in the presence of the Royal Family with great festivity.

Der schwedische Nationaltag wird jedes Jahr am 6 Juni auf Skansen gefeiert. Bei der grossen Feier sind auch die Mitglieder der schwedischen Königsfamilie zugegen.

День национального флага Швеции с большой торжественностью отмечается ежегодно 6-го июня в присутствии членов королевской семьи.

78

Ett av Skansens spelmanslag har tagit sig ton på sommarängen...

Some of the fiddlers at Skansen starts playing...

Skansens Musikanten musizieren auf einer Sommerwiese...

На летнем лугу играет один из ансамблей народных инструментов Скансена...

79

...och här går det som en dans!

...and here the dancing is in full swing!

...und hier dreht man sich im Tanze!

... а вот и до танцев дело дошло!

▶

Vårsådd vid Seglora kyrka på Skansen. Denna kyrka från Västergötland byggdes 1729-30.

Spring farming at Seglora Church on Skansen. This church from the westpart of Sweden was built 1729-30.

Frühlingsaussaat bei der Seglora Kirche auf Skansen. Diese Kirche stammt aus Västergötland und wurde 1729-30 errichtet.

Весенний сев у церкви Сеглура в Скансене. Эта церковь из Вестергётланда постройки 1729-30 гг.

80

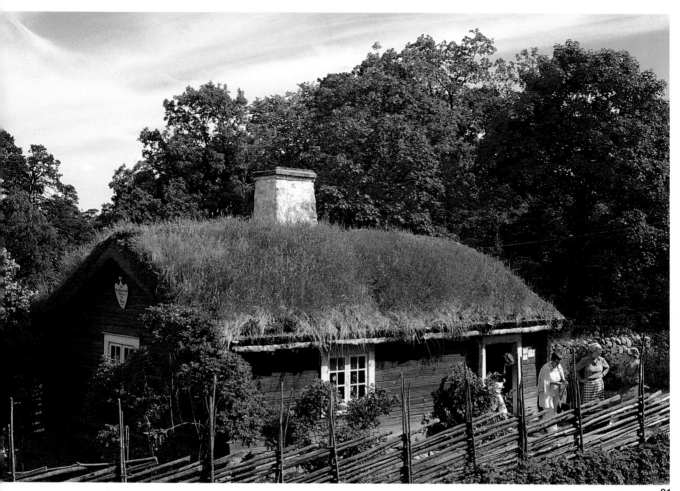

82 Soldattorpet från Småland på Skansen är en knuttimrad enkelstuga med torvtak, uppförd omkring 1800. 81

The soldiers cottage from Småland which you can see on Skansen is a log-built small house with a turf-roof, built around 1800.

Die Soldatenkate auf Skansen ist eine Blockhütte mit Torfdach. Sie entstand um 1800.

Солдатский хутор в Скансене из Смоланда - простой деревянный дом с крышей, крытой торфом, построенный около 1800 г.

En gråsäl tittar upp i en vak i den istäckta säldammen på Skansen.

A curious seal is looking from his ice-hole at Skansen.

Eine Robbe schaut aus einen Eisloch im Robbenbecken auf Skansen.

Серый котик выглядывает из полыньи в покрытой льдом запруде для котиков в Скансене.

PRINS EUGENS WALDEMARSUDDE

83

Prins Eugens Waldemarsudde, ursprungligen prins Eugens hem, är idag ett av Sveriges mest välbesökta konstmuseer med en av landets förnämsta samlingar av sekelskifteskonst och tidig modernism. Utsikt mot Waldemarsudde från vattnet.

Waldemarsudde, originally the home of Prince Eugen is to-day one of the most visited art museums in Sweden with an excellent collection of arts from the beginning of the century as well as ea modernism. View towards Waldemarsudde from the water.

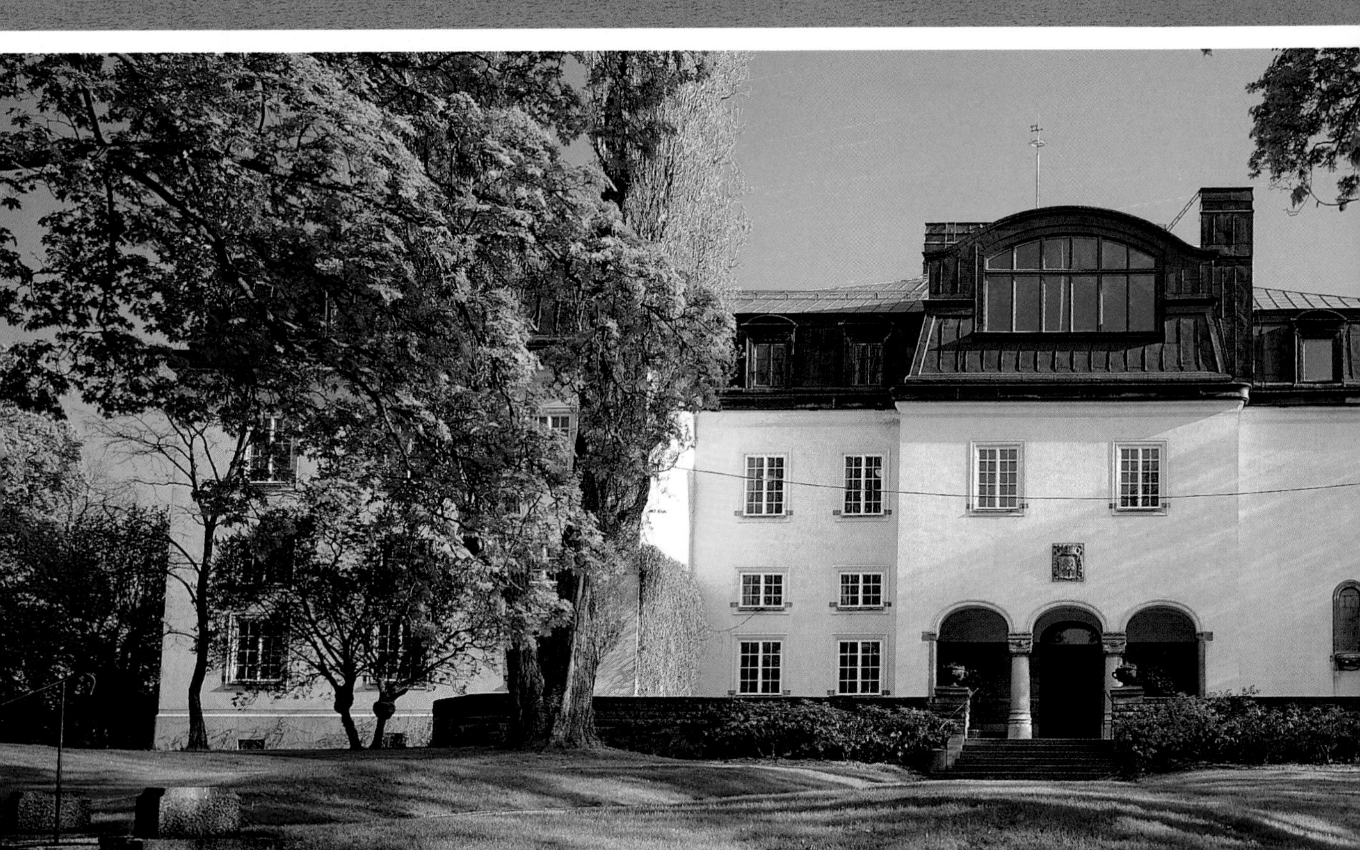

Slottet på Waldemarsudde, uppfört 1903-05, efter ritningar av den kände arkitekten Ferdinand Boberg.

The castle on Waldemarsudde, built 1903-05, designed by the famous architect Ferdinand Boberg.

Das Schloss auf Waldemarsudde, aufgeführt 1903-05 nach Zeichnungen des bekannten Architekten Ferdinand Boberg.

Замок на Вальдемарсудде, построенный в 1903-05 гг., по проекту известного архитектора Фердинанда Буберга.

Prins Eugens Waldemarsudde, ursprünglich das Heim des Prinzen, ist heute eines der meist besuchten Kunstmuseen Schwedens. Die Sammlungen umfassen Bilder der Jahrhundertwende und des frühen Modernismus. Waldemarsudde vom Wasser aus gesehen.

Вальдемарсудде первоначально был домом Принца Эужена, а сегодня является одним из самых популярных музеев Швеции, располагающим выдающимся собранием искусства начала XX века и раннего модернизма.
Вид на Вальдемарсудде с воды.

84

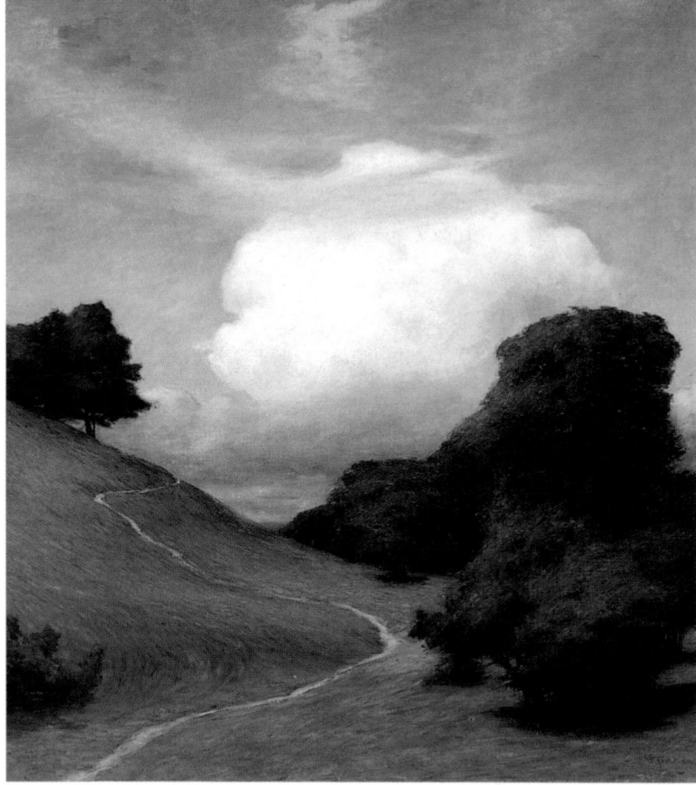

85

"MOLNET" från 1896, en av Prins Eugens mest kända målningar, finns utställd på Waldemarsudde.

"MOLNET" (The Cloud) from 1896, one of the most popular paintings made by Prince Eugen, is shown at Waldemarsudde.

"Molnet" von 1896, eines von Prinz Eugens bekanntesten Bildern ist auf Waldemarsudde zu sehen.

"Облако" (1896) - одно из самых известных полотен Принца Эужена, выставленное в Вальдемарсудде.

86

Parken på Waldemarsudde med sin blomsterprakt och vackra skupturer, är en idyll att vandra i.

The park at Waldemarsudde with its flowers and beautiful sculptures is an idyllic spot.

Der Park von Waldemarsudde mit seiner Blumenpracht und den Skulpturen läd zu einer Rundwanderung ein.

Парк в Вальдемарсудде, украшенный роскошными цветами и красивыми скульптурами, прекрасное место для прогулок.

NATIONALMUSEUM

Nationalmuseum, vid Södra Blasieholmshamnen mitt emot Kungl. Slottet, visar äldre måleri, skulptur, konsthantverk, teckningar och grafik.

The National Museum at the southern part of Blasieholm harbour just opposite the Royal Palace shows ancient paintings, sculpture, handicraft, drawings and graphic art.

Nationalmuseum auf Blasieholmen gegenüber vom königlichen Schloss zeigt Sammlungen von älterer Malerei Skulpturen, Zeichnungen, Grafik und Kunsthantwerk.

Национальный музей у гавани Южный Бласиехольм напротив королевского дворца показывает в своей экспозиции полотна старых мастеров, скульптуру, художественные ремесла, рисунки и графику.

Verk av Anders Zorn, 1860-1920, förmodligen den mest berömda av alla svenska konstnärer, visas på Nationalmuseum. MIDSOMMARDANS målades i olja 1903. Motivet är hämtat från det traditionella Midsommarfirandet här i Dalarna, med dans och musik i den ljusa sommarnatten.

Collected works of Anders Zorn, 1860-1920, perhaps the most famous of all Swedish artists, are shown at Nationalmuseum. MIDSOMMARDANS was painted in oil 1903. The motive is from the traditional Swedish Midsummer celebration, here in Dalarna, with dance and music in the bright summer night.

Gemälde von Anders Zorn, 1860-1920, vermutlich der berühmteste schwedische Künstler, werden im Nationalmuseum gezeigt. "Midsommardans" wurde 1903 in Öl gemalt. Das Motiv ist die traditionelle Sommersonnenwendefeier in Dalarna mit Tanz und Volkmusik in der hellen Sommernacht.

Картины Андерса Цорна (1860-1920), вероятно, самого известного шведского художника, экспонируются в Национальном музее." Танцы в Иванов день" - полотно, написанное маслом в 1903 г. Сюжетом послужило традиционное празднование Иванова дня в Даларна, с танцами и музыкой в светлую летнюю ночь.

89

Rafael Moneo's nya prisbelönta byggnad för MODERNA MUSEET, som öppnades 1998. Moderna Museets samlingar omfattar c:a 5000 målningar, skulpturer och installationer, c:a 30 000 akvareller, teckningar och grafiska blad samt c:a 20 000 fotografier.

Raphael Moneo's new prize winning building for MODERNA MUSEET was opened in 1998. The collections there includes about 5000 paintings and sculptures, about 30.000 drawings and graphic art as well as about 20.000 photographs.

Rafael Moneo's neuer preisbelohnter Bau des Moderna museet welcher 1998 eröffnet wurde. Die Sammlungen des Moderna Museet umfassen ca. 5000 Bilder, Skulpturen und Installationen, ca. 30 000 Aquarelle, Zeichnungen und graphische Blätter sowie 20 000 Photographien.

Новое здание Музея современного искусства, выстроенное по удостоенному премии проекту Рафаэля Монео, было открыто в 1998 г. В собрании музея около 5000 произведений живописи, скульптуры и инсталляций, около 30 000 акварелей, рисунков и графических листов, а также около 20 000 фотографий.

Interiörbild från Moderna Museets samlingar. (Fotot beskuret)

A general view of one of the galleries showing part of the Museum's collection of contemporary art. (The photograph is trimmed)

Aus den Sammlungen des Moderna Museet (beschnittene Innenansicht).

Общий вид одной из галерей, где выставлена часть музейной коллекции современного искусства. (Фотография обрезана)

90

Naturhistoriska riksmuseet är med miljontals föremål i samlingarna Sveriges största museum. Här ges möjlighet att få kunskap om naturen och människans livsmiljö på ett spännande sätt.

With millions of exhibits the Museum of Natural History at Frescati, founded in 1739, is Sweden's largest museum. This is a unique place to obtain a knowledge of nature and the human environment.

Naturhistoriska Riksmuseet, bei Frescati, mit millionen von Gegenständen in den Sammlungen ist Schwedens grösstes Museum. Hier wird die Möglichkeit geboten Kenntnisse über Natur und das Lebensmilieu des Menschen in ansprechender Weise zu sammeln.

Государственный Музей истории природы, в коллекциях которого собраны миллионы экспонатов, - крупнейший музей Швеции. Здесь можно получить массу интересных сведений о природе и среде обитания человека.

91

92

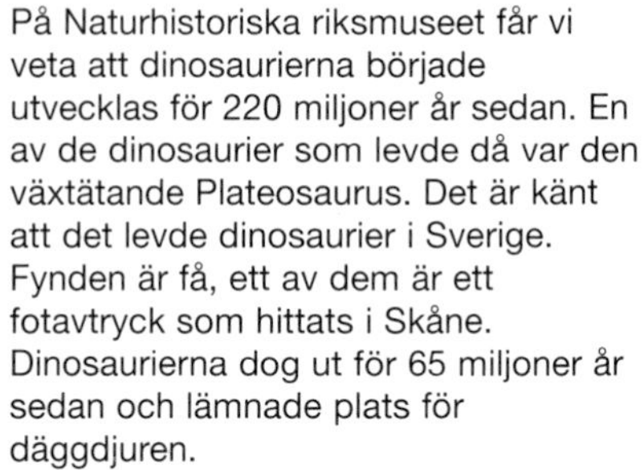

På Naturhistoriska riksmuseet får vi veta att dinosaurierna började utvecklas för 220 miljoner år sedan. En av de dinosaurier som levde då var den växtätande Plateosaurus. Det är känt att det levde dinosaurier i Sverige. Fynden är få, ett av dem är ett fotavtryck som hittats i Skåne. Dinosaurierna dog ut för 65 miljoner år sedan och lämnade plats för däggdjuren.

At the Museum of Natural History we are informed about the dinosaurus who's evolution started about 220 millions of years ago. One of them was the herbivorous Plateosaurus. It is known that dinosaurus lived in Sweden. The discoveries are few, but one is a foot-print which was found in Skåne. The dinosaurus died away about 65 millions of years and made room for the mammals.

Im Naturhistoriska Riksmuseet erfahren wir, dass die Dinosaurier sich vor 220 millionen Jahren zu entwickeln begannen. Einer der Dinosaurier die damals lebten var der Pflanzenfresser Plateosaurus. Es ist bekannt das Dinosaurier auch in Schweden lebten. Es zeugen wenige Funde davon, ein Fussabdruck wurde in Skåne gefunden. Die Dinosaurier sind vor 65 millionen Jahren ausgestorben und machten den Weg frei für die Säugetiere.

В Музее истории природы мы узнаем, что динозавры появились 220 миллионов назад. Одним из живших в то время видов был травоядный платеозавр. Известно, что динозавры жили и в Швеции. Одной из немногочисленных находок является отпечаток, найденный в Сконе. Динозавры вымерли 65 миллионов лет назад, уступив место млекопитающим.

93

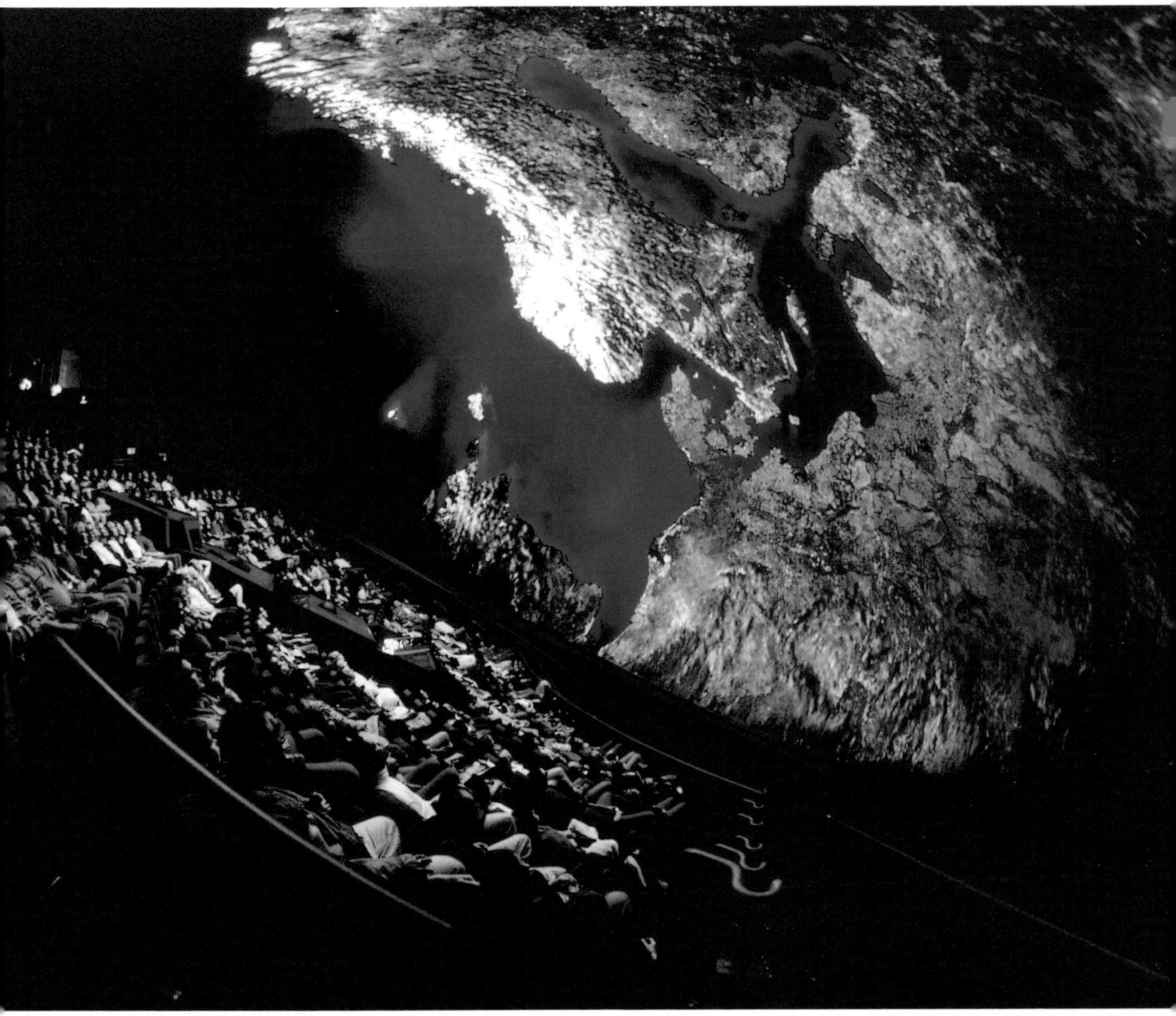

På Cosmonova visas filmer i världens största filmformat. Publiken omsluts av ljud och bild i en stor välvd kupol. Vid denna föreställning visas jorden så som astronauter fått se den - från rymden.

In Cosmonova films of the biggest screen in the world are shown. The audience is surrounded by sound and picture in a huge arched dome. At this performance the earth is shown just like the austronauts see it from the space.

Im Cosmonova werden Kinofilme im grössten Filmformat der Welt vorgeführt. Die Besucher befinden sich in einer grossen gewölbten Kuppel und werden von Ton und Bild umschlossen. Sie können z.B. die Erde mit den Augen der Astronauten aus den All betrachten.

В кинотеатре Cosmonova демонстрируются фильмы самого крупного в мире формата. Зрителей окружает со всех сторон звук и изображение в большом сводчатом куполе. На этом сеансе земля показана такой, какой ее видит космонавт - из космоса.

Millesgården på Lidingö utställer Carl Milles många verk. Han var utan tvekan en av Sveriges största skulptörer.

Millesgården on Lidingö, displays the work of Carl Milles, one of Sweden's most distinguished artist.

Millesgården bei Lidingö, wo wir die Werke von Carl Milles, dem grossen schwedischen Bildhaur, zu sehen sind.

В Миллесгордене на острове Лидингё выставлены работы Карла Миллеса, одного из самых выдающихся художников Швеции.

▶

Musicerande änglar och Guds hand, nedre terrassen.

Angel Musicians and the Hand of God, the lower terrace.

Musizierande Engel und die Hand Gottes, niedere Terrasse.

Ангелы-музыканты и Рука творца, нижняя терраса.

Guds Hand.

The Hand of God

Die Hand Gottes

Рука творца.

94

95 Poseidons huvud, mellanterrassen.

The Head of Poseidon, the Middle Terrace.

Der Kopf des Poseidon, zwischen Terrasse.

Голова Посейдона, средняя терраса.

▶

Människan och den bevingade hästen "Pegasus".

Man and the winged Horse "Pegasus".

Der Mensch und das beflügelte Pferd "Pegasus".

Человек и крылатый конь Пегас.

96

97

Kall vintermorgon vid Norrström och Kungliga Slottet.

The Royal Palace and Norrström on a cold winter morning.

Kalter Wintermorgen am Norrström mit königlichen Schloss.

Норрстрём и Королевский дворец в морозное зимнее утро.

99

Stockholms Stadshus - en klar, kall vinterdag.

The Stockholm City Hall on a clear winter day.

Stockholms Stadthaus an einem klaren kalten Wintertag.

Ратуша в Стокгольме в ясный, морозный зимний день.

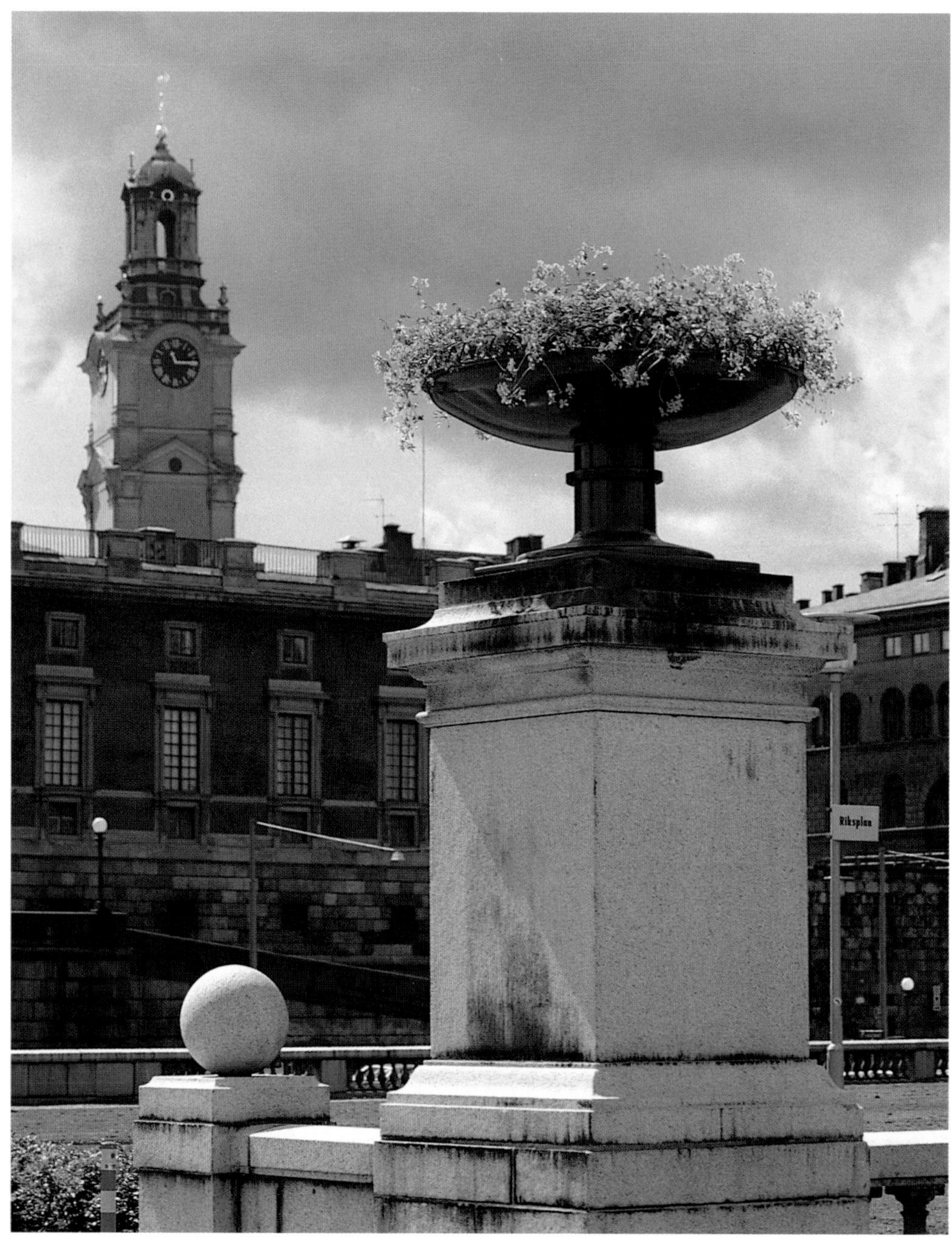

The tower of Storkyrkan, the Stockholm Cathedral

Published by: AB H. Håkansson, Box 42106, SE-126 14 Stockholm, Sweden
Picture selection & picture text: Gunnar Heilborn
Layout: Gunnar Heilborn & Dino Sassi
Printing: KINA ITALIA/EUROGRAFICA - ITALY, 2004

Back cover picture: The sailing vessel "af Chapman" at Skeppsholmen